Badru Kateregga
David Shenk

Diálogo
entre un
musulmán
y un
cristiano

LIBROS DESAFÍO

Diálogo

entre un

musulmán

y un

cristiano

Diálogo entre un musulmán y un cristiano

Título original en inglés: *A Muslim and a Christian in dialogue*
Autores: David Shenk y Badru Kateregga
Publicado por Uzima Press (Kenia) en 1980
y por Wm. B. Eerdmans. Usado con permiso.
Traductor: Samuel Guerrero
Corrección de estilo: Andrés Prins
Editor: Alejandro Pimentel
Diseño de cubierta: Adilson Proc

Agradecemos a Federico Bertuzzi y PM Internacional
por la iniciativa original de traducir esta obra al español.

A menos que se indique lo contrario, las citas bíblicas han sido tomadas
de la Nueva Versión Internacional (edición peninsular), y las coránicas de la versión
de Julio Cortés, Editorial Herder, Barcelona, 1992.

Publicado por

LIBROS DESAFÍO
1700 28th Street SE
Grand Rapids, Michigan 49508-1407
EE.UU.
info@librosdesafio.org
www.librosdesafio.org

ISBN 978-1-55883-191-9
601295

Impreso en Colombia
Printed in Colombia

Contenido

Prólogo
del Sr. D. Riay Tatary Bakry

Imam de la Mezquita Central de Madrid
Presidente de la Unión de Comunidades Islámicas de España

El presente libro que el lector tiene ante sí, escrito por los doctores y amigos Shenk y Kateregga, nos ofrece una oportunidad para apreciar las perspectivas sobre la religión de dos eruditos, uno cristiano y otro musulmán, desde el punto de vista particular de cada uno, el trasfondo común de ambos y los pequeños detalles, matices leves de ajuste en los que inciden para mostrar la diferencia y explicarla.

Estos matices, lejos de separar o alejar, nos dan una información interesante sobre la religión del otro, dado el desconocimiento reinante sobre las convicciones religiosas de los demás, su trasfondo teológico y la constatación de lo próximo que estamos. Por ello, sus exposiciones completan nuestra formación en lo religioso.

Es importante, sobre todo, leer las explicaciones sobre ambas religiones de personas con un conocimiento profundo y con capacidad para transmitir de forma muy accesible los conceptos religiosos de ambos, de forma veraz, lejos de estereotipos y propagandas políticas identitarias excluyentes o de enfrentamiento, deshaciendo los efectos difamatorios de discursos de odio o de supremacía.

La propia amistad personal de ambos autores debe ser ya ejemplo vivo para el diálogo interreligioso y la convivencia hermanada con miras al bien común. La convivencia pacífica no solo es posible, sino que es un deber de todos los seres humanos en la hermandad y, más aún entre las comunidades religiosas de quienes aceptan e intentan seguir la palabra revelada de Dios/Al·lah, siendo conscientes los musulmanes de que la cristiandad recibió antes la transmisión del Mensaje del Altísimo y, por ello, deben relacionarse con ellos de la manera más exquisita, reconociendo que cristianos y musulmanes participamos de la revelación del Libro.

Como reza el Corán: «Ciertamente quienes creen, quienes profesan el judaísmo, los cristianos y los sabeos, quienes creen en Dios y en el último día y hacen obras pías, tendrán recompensa junto a su Señor; no habrá temor sobre ellos y no serán entristecidos» (Alcorán, sura 2, aleya 62).

También, en siglos posteriores, notorias personalidades cristianas reconocieron a los musulmanes. Por ejemplo, Timoteo, patriarca de la iglesia siria en el siglo VII dijo: «Muhammad es digno de toda alabanza y caminó por la senda de los profetas, porque enseñó la unidad de Dios…; se opuso a la idolatría y al politeísmo; enseñó sobre Dios, Su Palabra y Su Espíritu».

En el pasado, cristianos y musulmanes fueron perseguidos, y lamentablemente también en la actualidad. Cuando un grupo de musulmanes perseguidos en la época de los primeros discípulos, fueron a pedir asilo y refugio a una nación vecina con un gobernante cristiano, el solicitante musulmán Yafar Ibn Abi-Tálib ante Sahama, negus[1] cristiano de Aksum, «les recitó el sura Mariam; cuando llegó a mencionar a Jesús y su madre, levantó el negus una fibra de su siwak[2] casi imperceptible a la vista, y dijo: gualá,[3] no añadió el Mesías a lo que decís una hebra».

Por medio del reconocimiento mutuo, tratando y conociendo mejor al convecino, que tiene las mismas necesidades y aspiraciones que nosotros, caen las vendas de los prejuicios asentados que nos impedían ver las virtudes y cualidades del otro. También contrarresta y anula los estereotipos, no nos permite tener ideas negativas preconcebidas que levantan muros a nuestro alrededor y que debemos estar dispuestos a derribar con la convivencia hermanada, ya sea en el barrio, en el trabajo, en los colegios y los parques infantiles junto a nuestros hijos, celebrando sus cumpleaños e invitando a sus compañeros y amigos, musulmanes y cristianos. Porque todos tenemos las mismas aspiraciones dirigidas a un futuro mejor para la sociedad, sin brechas, esperando que nuestros jóvenes acaben sus estudios con éxito y anhelo de incorporarse a la vida laboral sin discriminaciones, musulmanes y cristianos, que desde niños crecieron y se educaron juntos, compartiendo el deseo de conseguir empleo y vivienda, siendo solidarios y deseando todo lo mejor para sus

---

1. Negus es un título honorífico que fue usando en el antiguo Imperio Etíope y que equivale a un gobernador de una provincia o región.
2. *Siwak (miswak)* es un cepillo natural para la higiene dental, que se obtiene de los tallos fibrosos del árbol cepillo de dientes *(salvadora persica)*.
3. DRAE: interjección que significa «por Dios».

hermanos, conociendo también los padres de unos y otros, cristianos y musulmanes, ayudándose entre todos para sacar adelante en esta vida a las familias y sus hijos.

El mutuo reconocimiento es el mejor antídoto contra mentes envenenadas por ideas de odio o desprecio hacia los demás, contra la difamación de quienes se consideran diferentes por convicciones, en este caso religiosas, contra la identificación de nacionalidad con religión. Más bien, debemos sembrar semillas de comprensión y hermandad entre todos, asumiendo que hay cristianos y musulmanes por todo el planeta, en todos los países del mundo, siendo las convicciones religiosas transnacionales, y no debiendo incorporarse a los idearios de identidad nacional.

Los autores del presente libro nos transmiten la cercanía de su afable diálogo interreligioso con un exquisito respeto mutuo en lo personal y en el terreno de las convicciones, aportando cada uno su visión explicativa, practicando una amplia tolerancia mutua, con entendimiento fructífero y cambio de impresiones sobre la revelación divina y sus consecuencias en el transcurso de nuestra existencia en el día a día, en los ritos y en las actitudes piadosas hacia los demás.

Como dos conocidos y amigos que charlan centrados sobre cualquier tema, en este caso el religioso, exponen sus opiniones con erudición, escuchando a su compañero de plática, cambiando impresiones y perspectivas sobre el asunto particular, en un diálogo en el que cada uno aporta información según su preparación y reflexión propias, que completan el amplio bagaje de ambos que se plasma en esta obra y nos ofrecen para nuestro disfrute e incorporación a nuestro saber.

Escenas semejantes de encuentros y diálogo distendido entre religiosos cristianos y musulmanes eran ya habituales, por ejemplo en Ceuta, en épocas en las que no se difamaba al otro sino que se reconocían la diferencia y la semejanza.

Esperamos que la presente obra sea de interés y provecho para el lector, y que nos ayude a reconocer y comprender mutuamente a nuestro vecino, que también es nuestro hermano que pertenece a la comunidad de creyentes y al género humano.

Riay Tatary Bakry

Prólogo
del Lic. Mariano Blázquez

Secretario Ejecutivo de la Federación de
Entidades Religiosas Evangélicas de España, FEREDE

Estoy convencido de que este libro de conversaciones y contraste de pareceres entre un musulmán sunita y un cristiano protestante supone una importante aportación en el terreno de la comprensión y el diálogo interreligioso, al menos en las dos áreas que brevemente quisiera comentar.

La metodología del diálogo

En la actualidad, existe una fuerte tendencia, en muchos encuentros entre confesiones religiosas, que procura centrar el diálogo en destacar los hechos y valores comunes de las religiones. Podríamos llamar a este esquema de trabajo como el método de los porcentajes de unidad y de tolerancia. La idea es que, al destacar lo mucho que tenemos en común, las personas toman conciencia de la unidad y se espera mejorar la aceptación del otro, evitando la histórica y estéril confrontación que, por siglos, nos ha recluido en las trincheras de la incomprensión y en un diálogo de sordos en el que se lanzan, a la otra parte, ideas estereotipadas, y se acusa a la religión de alentar los comportamientos extremos de algunos de los seguidores. En este esquema de relación de porcentajes de unidad y tolerancia, se renuncia a la banalización, la agresividad y al juego sucio entre las religiones, y se promueve tolerar las diferencias con la meta común de construir una sociedad y un mundo en el que podamos convivir juntos las personas que tienen distintas formas de pensamiento religioso con aquellas que no lo tienen. Para lograr este objetivo de erradicación de la violencia y el extremismo, es necesario pagar un pequeño precio que consiste en llamar la atención sobre los asuntos comunes y no sobre las diferencias. Esas diferencias no suelen ser objeto de explicación profunda y análisis por las partes, sino únicamente de identificación o señalización como terrenos de discrepancia o divergencia, razón por la cual se deja al margen la dialéctica, y se promueve la aceptación respetuosa de las diferencias dentro de los límites de un mínimo común ético y de los derechos esenciales de la persona humana.

El camino elegido en este libro no es el de la histórica confrontación, pero tampoco el de los porcentajes de unidad y tolerancia. Es una invitación a ir más allá. No se habla tanto de los asuntos comunes, sino más bien de la explicación y diálogo sobre las diferencias en doce temas principales para el islam y el cristianismo. Los estudios sobre el genoma de las personas y animales nos muestran que compartimos porciones muy importantes de material genético; sin embargo, es de las pequeñas diferencias genéticas de las que surgen importantes diferencias orgánicas, morfológicas y funcionales. El verdadero conocimiento pasa por conocer lo que nos une, pero especialmente las divergencias. Las diferencias entre las confesiones religiosas son importantes, y conocerlas nos podrá hacer entender mejor a las otras personas y la profundidad y fundamentación de sus creencias y eso, posiblemente, hará que se incremente el respeto mutuo.

La actitud de las partes
Los autores confiesan su amistad previa y, por esta razón, han podido pactar con facilidad un escenario igualitario y respetuoso en el que, partiendo de la distinta identidad y creencias, ambos exponen sus ideas y luego dan respuesta a las del otro. No se salen del tema, no se basan en estereotipos, sino en fundamentaciones teológicas. Ambos nos enseñan que dos personas de religiones distintas pueden ser amigos, con un tipo de amistad que les permite confrontar sus ideas, pero nunca sus personas que salen enriquecidas de un diálogo establecido en premisas justas para ambos. En mi trabajo de representación de las comunidades protestantes ante el Estado Español, he trabado amistad con personas musulmanas como Riay Tatary, quien también participa en la redacción de estos prólogos; con él mantengo, desde hace más de 20 años, bastante relación e intereses comunes, hemos colaborado en temas de libertad religiosa, propuestas comunes ante nuestros interlocutores del Gobierno y la Administración, y otros asuntos de nuestras religiones, pero jamás nos hemos atrevido a afrontar una propuesta de diálogo profundo y sistemático sobre la fundamentación de nuestras firmes convicciones religiosas. Sin embargo, en este libro, sus autores acometen esta tarea y lo hacen de manera abierta, documentada y valiente, abriendo ante nosotros un camino de conocimiento y buen hacer.

No se trata de ver quien vence o quien convence, sino de ofrecer a los lectores el testimonio de un diálogo razonado y razonable, que pone de manifiesto opiniones divergentes sobre los temas planteados y, además, algo aún más importante que es una forma de exponer, de trabajar y de dialogar que fortalece las relaciones y la convivencia plural, dejando al lector la responsabilidad de analizar las palabras y argumentaciones y, también, las actitudes, para que además de extraer sus propias conclusiones, se facilite la construcción de nuevas relaciones entre seres diferentes que se reconocen en una misma dignidad.

Lic. Mariano Blázquez

Prólogo
del Profesor Dr. Ali Jumâa
Muftí de la República Árabe de Egipto

El islam estableció normas para la familia humana, y reveló en forma clara que no tolera la ambigüedad ni la malinterpretación en cuanto a que todas las personas fueron creadas de una misma alma, lo cual señala unidad en el origen de los seres humanos. Dijo (Alá o Dios): «¡Hombres! ¡Temed a vuestro Señor, Que os ha creado de una sola persona (alma), de la que ha creado a su cónyuge, y de los que ha diseminado un gran número de hombres y de mujeres! ¡Temed a Alá, en Cuyo nombre os pedís cosas, y respetad la consanguinidad! Alá siempre os observa» *(Sura 4:1)*

Y el profeta Muhammad dijo: «los seres humanos son hijos de Adam y Adam es del polvo», por lo tanto, en el islam todas las personas tienen el derecho a la vida y la dignidad sin excepción ni discriminación, y no está bien que se separe a los seres humanos por su color de piel o etnias o idiomas o religiones, y se convierta en motivo de discordia y hostilidad. Al contrario, debería ser algo que nos anime a conocernos y encontrarnos en la bondad y el interés común, como dice Alá: «¡Hombres! Os hemos creado de un varón y de una hembra y hemos hecho de vosotros pueblos y tribus, para que os conozcáis unos a otros» *(Sura 49:13)*, y el equilibrio en la diferencia que el Corán ofrece se encuentra en lo que el hombre creyente da para el beneficio de toda la humanidad. «El más noble de entre vosotros es el que más Le teme» *(Sura 49:13)*.

Por todo esto, el islam percibe a los no musulmanes —sobre todo los del Libro— con una mirada de complementariedad y cooperación, y en torno a los intereses comunes basados sobre los valores y la ética a las cuales llaman todas las religiones, y también las que fueron aceptadas por parte de la humanidad.

La constitución del islam en tratar con los no musulmanes se resume en lo que dijo Alá: «Alá no os prohíbe que seáis buenos y equitativos con quienes no han combatido contra vosotros por causa de la religión, ni os han expulsado de vuestros hogares. Alá ama a los que son equitativos» (Sura 60:8) y de este verso y otros versos, el islam dejó claro los fundamentos que hay que considerar cuando se trata con el prójimo, y la base de estos fundamentos es la tolerancia que está muy ligada a la amnistía, lo que significa renuncia a la culpabilidad, provisión de la caridad y hacer el bien.

El fundamento del punto de vista tolerante que encontramos en los musulmanes cuando tratan con los que no pertenecen a su religión se debe a las ideas y las realidades brillantes que el islam inculcó en las mentes y los corazones de los musulmanes y, entre estas realidades, tenemos la unidad del origen de los humanos, honrar al hombre, la diferencia en la religión es destino, es mera voluntad de Dios —el musulmán no tiene la obligación de juzgar a los que son diferentes de su religión, excepto si lo obligan a cambiar su religión— el islam insta a la justicia con la cual se pone orden a la existencia humana.

Cuando aceptamos estos principios nos damos cuenta del gran valor que tiene este interesante libro que refleja el espíritu de tolerancia, respeto y amistad, y que no deja lugar a duda que la concordancia entre las religiones es más grande que sus diferencias, y que no hay lugar ni posibilidad para la soledad y aislamiento, ni hay nada más sino que vivir juntos en esta tierra, y poner las bases del diálogo tal como Dios quiere, y esto es la esencia de la llamada de la iniciativa «Una palabra común», como queda claro en los versos del Corán y la Biblia, que el islam y el cristianismo comparten dos valores muy importantes que son: amar a Dios y amar al prójimo.

Ruego a Dios —el Altísimo y Poderoso— que bendiga los esfuerzos de los autores, y que sea un buen paso para fomentar la cultura de tolerancia y establecer los valores de la bondad y la paz.

Prof. Dr. Ali Jumâa

Prólogo
del Dr. Obispo Munir Hanna Anis

Obispo de la Iglesia Episcopal de Egipto, el Norte de África y el Cuerno de África y actual Presidente de la zona de Jerusalén y Medio Oriente

El extremismo religioso es una de las características de nuestro mundo actual, y este extremismo es fruto de muchos conflictos que están ocurriendo en diferentes lugares del mundo desde el Occidente hasta el Lejano Oriente; por ejemplo, algunos musulmanes en Malasia se han opuesto al uso por parte de los cristianos de la palabra «Alá», y en los EE.UU. los cristianos se cuestionan si el «Alá» que los musulmanes adoran es el mismo «Dios» que los cristianos adoran. Tales objeciones y cuestionamientos se basan en la incomprensión y la falta de conocimiento, y estas dos cosas producen un horizonte estrecho, una visión limitada, lo cual genera el extremismo, y éste lleva a conflictos donde se derrama sangre y muchos inocentes pierden la vida. Es como un círculo vicioso que empieza con el mal entendimiento y termina con la muerte de las personas. ¿Cómo podemos, entonces, romper este círculo y cambiar los conflictos entre los seguidores de estas religiones y lograr la convivencia y cooperación?

Este libro, donde tengo el privilegio de dedicarle un prefacio, responde a esta pregunta de una forma muy sencilla. Sus autores, Badru Kateregga y David Shenk, se han esmerado en poner a nuestro alcance el resultado del diálogo entre ellos con un estilo objetivo, civilizado y sereno. Por lo tanto, el cristiano que lea este libro aprenderá los fundamentos de la religión islámica y también los puntos donde existen diferencias. Esto nos ayuda a corregir muchas de las imágenes distorsionadas que se han formado en nuestras mentes acerca del otro. Mi deseo es que este libro lo puedan leer estudiantes de distintas escuelas y universidades, y también recomiendo que lo lean seminaristas de instituciones teológicas cristianas e islámicas, para que puedan entender las creencias del otro, y la base común entre el islam y el cristianismo, así mismo como los puntos de diferencia que tenemos que conocer y respetar. Este entendimiento nos ayudará a convivir y cooperar entre nosotros para el bien de nuestras sociedades. Tengo que felicitar a los autores por el magnífico esfuerzo, el excelente estilo y el maravilloso ejemplo que nos han dado.

Dr. Obispo Munir Hanna Anis

Introducción

Centenares de miles de cristianos y musulmanes son vecinos unos de otros. Los fieles de ambas comunidades creen que ellos han sido llamados por Dios para ser testigos; sin embargo, con muy poca frecuencia escuchan el testimonio uno del otro. El choque de sus historias ha creado muros que los separan. Aunque ambas comunidades adoran al mismo Dios y buscan ser el pueblo de Dios, raramente se escuchan el uno al otro.

Este libro es un intento, de un musulmán y un cristiano, de testificar y escuchar. Nosotros, los autores, somos muy buenos amigos. Hemos enseñado juntos en el departamento de filosofía y estudios religiosos de la Universidad de Kenyatta. Badru Kateregga, musulmán, ha enseñado historia y teología islámicas. David Shenk, cristiano, ha enseñado historia y teología cristianas. Hemos enseñado religiones comparadas en equipo. Con frecuencia, la enseñanza en equipo era un diálogo, un testimonio de una fe a la otra en presencia de nuestros estudiantes.

Hemos percibido que el diálogo en el testimonio entre musulmanes y cristianos es serio. Los temas son profundos. Tratan las cuestiones básicas de la situación humana. Esto significa que, al escuchar y al dar testimonio en el diálogo, hay dolor. Quizás, mutuamente, temamos al dolor. Quizás esa sea una razón por la que cristianos y musulmanes, en raras ocasiones, hablan el uno al otro acerca de su fe.

Sin embargo, nosotros los autores creemos que el testimonio en diálogo es vital. Necesitamos aprender a hablar uno con el otro desde dentro de nuestras respectivas comunidades de fe. Eso es lo que hemos intentado hacer en este libro. No hemos andado con rodeos. Hemos hablado con candor. Cada uno hemos intentado ser lo más fieles posible al testimonio al que creemos que Dios nos ha llamado.

El libro está dividido en dos secciones. La primera parte ha sido escrita por Badru como testigo de la fe musulmana. La segunda parte ha sido escrita por David como testigo de la fe cristiana.

Cada parte consiste de doce capítulos. Al final de cada capítulo hay una respuesta de la persona a quien se está dando el testimonio.

O sea que, al final de cada uno de los doce capítulos de testimonio musulmán, hay una respuesta cristiana. De forma similar, al final de cada uno de los doce capítulos del testimonio cristiano, hay una respuesta musulmana. En algunos casos, hay un párrafo adicional de aclaración después de la respuesta.

Hemos escrito como individuos y como amigos. Somos personalmente responsables por lo que hemos dicho ya que, en última instancia, testificar de la fe es intensamente personal. Sin embargo, hablamos desde dentro de comunidades de fe particulares. Badru ha dependido mayormente del Corán para su presentación, y David ha basado sus escritos primordialmente en la Biblia. Badru testifica desde la experiencia sunita. David expone su testimonio desde la experiencia evangélica protestante. Aún así, ambos han intentado ser sensibles a toda la comunidad de fe desde donde surgen sus respectivos testimonios.

Las dimensiones teológicas y prácticas de fe exploradas en este libro no son exhaustivas, pero son indicadores de la naturaleza del encuentro entre cristianos y musulmanes. El libro representa una teología comparada que esperamos esté libre de prejuicios. Hemos intentado apegarnos a nuestra regla auto-impuesta: ¡No interpretes mi fe por mí!

Creemos que este libro proveerá una perspectiva constructiva para cualquier musulmán o cristiano que quiera comprender la naturaleza de las dos grandes comunidades de fe del islam y el cristianismo. Esperamos que pueda ser usado como una base para discusión y diálogo entre cristianos y musulmanes.

También creemos que este libro será útil para estudiantes de bachillerato, en escuelas teológicas islámicas y cristianas, y como libro introductorio para universitarios.

Los musulmanes generalmente se sienten incómodos que cristianos escriban sobre el islam. De forma similar, los cristianos, en raras ocasiones, se identifican con interpretaciones musulmanas del cristianismo. Este libro, esfuerzo conjunto de un musulmán y un cristiano, ha sido escrito bajo la deslumbrante luz de la presencia mutua. Cada palabra que hemos escrito ha sido afinada con el conocimiento de que estamos trabajando juntos. La honestidad, la amabilidad y la sensibilidad, por lo tanto, han sido absolutamente necesarias.

Badru Kateregga
David Shenk

Una oración musulmana

¡En el nombre de Dios, el Compasivo, el Misericordioso!
Alabado sea Dios, Señor del universo,
el Compasivo, el Misericordioso, Dueño del día del Juicio.
A Ti solo servimos y a Ti solo imploramos ayuda.
Dirígenos por la vía recta,
la vía de los que Tú has agraciado,
no de los que han incurrido en la ira, ni de los extraviados.[1]

Una oración cristiana

Padre nuestro que estás en los cielos,
santificado sea tu nombre.
Venga tu reino.
Hágase tu voluntad,
como en el cielo, así también en la tierra.
El pan nuestro de cada día, dánoslo hoy.
Y perdónanos nuestra deudas,
así como nosotros perdonamos a nuestros deudores.
Y no nos metas en tentación,
mas líbranos del mal;

porque tuyo es el reino, el poder y la gloria, por todos los siglos.
Amén.[2]

---

1. La *Fatiha*, sura inicial del Corán. Esta es la oración repetida por los fieles musulmanes al menos diecisiete veces al día durante las cinco experiencias de oración comunal.
2. *Mateo 6:9-13*. Esta es la oración que Jesucristo (el Mesías) enseñó a sus discípulos; se le conoce también como el Padrenuestro.

Parte I
El testimonio musulmán

1

No hay otro Dios sino Alá

El testimonio musulmán

Islam significa sumisión total a los mandatos y voluntad de Alá,[3] el único Dios verdadero. La primera y más grande enseñanza del islam es proclamada en la *shahada* (confesión): *La ilaha ila 'lah ua Muhammadun rasul Alá*. Lo que quiere decir: «No hay otro dios, sino Alá, y Muhammad* es el enviado de Alá». Es esta confesión la que, una vez pronunciada sinceramente, convierte a uno en musulmán. Esta *shahada* es la que dirige a un musulmán durante toda su vida.

El islam es una religión estrictamente monoteísta. El *sura* (capítulo) central en el Corán testifica del monoteísmo del islam.

> Di: «Él es Dios, Uno,
> Dios, el Eterno.
> No ha engendrado, ni ha sido engendrado.
> No tiene par». (112)

El musulmán debe creer en un solo Dios (Alá). La creencia en Dios es el fundamento de *al-din* (religión) en el islam. Alá mismo ha ordenado: «¡No invoques a otro dios junto con Dios! ¡No hay más dios que Él! ¡Todo perece, salvo Él!» (28:88). También leemos: «El culto puro ¿no se debe a Dios?» (39:3).

---

3. La palabra Alá (de *Allah*) es árabe y difícil de traducir con exactitud. Significa el Dios único que posee todos los atributos de perfección y belleza en su infinitud. Los musulmanes creen firmemente que la palabra Dios en castellano no traduce exactamente el significado de la palabra Alá. Sin embargo, en este libro las dos palabras se usarán indistintamente.

* Nota del editor: Por razones de respeto mutuo y las sensibilidades en torno al nombre castellanizado Mahoma, hemos optado por usar la transliteración *Muhammad* en toda esta obra, excepto en casos donde haya alguna cita de obras ya existentes.

Dios es Uno

No hay lenguaje humano lo suficientemente bueno para describir a Dios, porque no hay nada como Él. La naturaleza de Dios trasciende nuestros conceptos. Sin embargo, sabemos que Él es Uno. Alá, el único Dios verdadero, no está lejos de nosotros, pues siempre está con nosotros. El Corán dice: «Estamos [Dios] más cerca de él [el hombre] que su misma vena yugular» (50:16).

Alá es Uno, y solo Él es Dios. Él es el único digno de adoración. Alá dijo: «¡No toméis a dos dioses! ¡Él es solo un Dios Uno! ¡Temedme, pues, a Mí, y solo a Mí!» (16:51).

Todas las demás cosas y seres que los humanos conocen y no conocen son criaturas de Dios, y debemos reconocer que todas las formas de la creación de Dios, no deben ser en ninguna manera comparadas a Él. «Yo no soy más que uno que advierte. No hay ningún otro dios que Dios, el Uno, el Invicto» (38:65).

En otra aleya Dios dice: «¡Seguid lo que vuestro Señor os ha revelado y no sigáis a otros amigos en lugar de seguirle a Él!» (7:3).

Así que, como Dios es Uno, nadie más puede compartir tan siquiera un átomo de su divino poder y autoridad. Solo Dios posee los atributos de divinidad. Porque Dios es Uno y Uno solo, asociar cualquier ser con Él es pecaminoso y un acto infiel. El islam deja bien claro que Dios no tiene hijo, ni padre, hermano, hermana, mujer o hijas. La idea pre-islámica (*yahiliia*) de llamar diosas a las hijas de Alá *(al-Manat, al-Lat, al-Uzza)* fue condenada por el Profeta (la paz sea sobre él [P y B]) ya que Alá no tiene necesidad de hijas. En Su unicidad, Dios no es como ninguna otra persona o cosa que pueda venir a nuestra mente. Sus cualidades y naturaleza son claramente únicos. Él no tiene asociados.

Dios el Creador

El musulmán debe creer que Alá es el Creador del universo y de todo lo que hay en él. El Corán dice: «Es Él Quien ha creado con un fin los cielos y la tierra» (6:73). Y añade:

> Vuestro Señor es Dios, Que ha creado los cielos y la tierra en seis días. Luego, se ha instalado en el Trono. Cubre el día con la noche, que le sigue rápidamente. Y el sol, la luna y las estrellas, sujetos por Su orden. ¿No son suyas la creación y la orden? ¡Bendito sea Dios, Señor del universo! (7:54)

Estas aleyas nos recuerdan que nada puede surgir a la vida por sí mismo. Todo, incluida la tierra en la que vivimos y los cielos arriba, fueron creados por Dios Todopoderoso.

Dios no simplemente crea y abandona a sus criaturas. Él continúa modelando y evolucionando nuevas formas. Él sustenta todo lo que ha creado de acuerdo a Su voluntad.

«Es Dios, el Creador, el Hacedor, el Formador. Posee los nombres más bellos. Lo que está en los cielos y en la tierra Le glorifica. Es el Poderoso, el Sabio» (59:24). Él es el Sustentador del universo.

Dios ha creado al hombre y bondadosamente ha provisto para él. En referencia a la creación del hombre, el Corán dice:

Él es Quien os ha creado de tierra, luego de una gota; luego, de un coágulo de sangre. Luego, os hace salir como criaturas para alcanzar, más tarde, la madurez, luego la vejez —aunque algunos de vosotros mueren prematuramente— y llegar a un término fijo. Quizás, así, razonéis. (40:67)

Dios creó todo lo que podemos y lo que no podemos ver, por la orden divina «Sé». Y «ahí fue». Por esta misma orden, el Señor creó el universo y todo lo que hay en él.

Es la creencia musulmana sincera que Dios no descansó después de crear el universo y todas las criaturas. Él no necesita descanso como los humanos y los animales. Dios es vida absoluta, libre de cualquiera de estas necesidades. El Corán dice: «¡Dios! No hay más dios que Él, el Viviente, el Subsistente. Ni la somnolencia ni el sueño se apoderan de Él. Suyo es lo que está en los cielos y en la tierra» (2:255). Dios se mantiene activo como Creador, como Dador y Quitador de la vida, Sustentador y el único Controlador de toda Su creación.

Los nombres de Dios

Dios es la Realidad Suprema. Él ha revelado a la humanidad noventa y nueve hermosos nombres *(al-asma al husna)* que indican su trascendente majestad y unidad. El Corán dice: «Dios posee los nombres más bellos. Empléalos, pues, para invocarle y apártate de quienes los profanen, que será retribuidos con arreglo a sus obras» (7:180).

En un *hadiz*[4] asentado por Abu Huraira, se anota que el Profeta (P y B) dijo: «Ciertamente hay noventa y nueve nombres de Alá, y quien los recite entrará en el Paraíso».[5]

---

4. *Hadiz* significa tradición profética.
5. Según Abu Huraira, *Sahih Muslim*, Vol. IV (Lahore: M. Ashraf-by Siddiqi, 1975) p. 1409.

Estos nombres no son usados para dividir a Alá, ya que Alá no puede ser más que Uno, sino para expresar algunos de sus atributos. Los musulmanes usan estos nombres como reverencia a Dios y como parte de la adoración y oración. Dios siempre puede ser invocado por medio de un nombre relevante a la necesidad del que le suplica. Estaremos describiendo algunos de estos nombres, tales como: *Rahman* (Bondadoso), *Rahim* (Misericordioso), o *al-Fialil* (Majestuoso).

Dios es misericordioso

Todos los *suras* del Corán, excepto uno,[6] comienzan con el *bismilá*[7] —la frase: «En el nombre de Alá, el Compasivo, el Misericordioso». El *bismilá* es la frase común que el musulmán debe recitar antes de hacer cualquier cosa. Recuerda constantemente al creyente la misericordia de Dios hacia toda Su creación. Una mirada cuidadosa al Corán muestra que hay numerosas *aleyas* (versículos) que describen el amor y la misericordia de Dios hacia la humanidad.

Alá dice en el Santo Corán: «Dios es quien ha dispuesto para vosotros la noche para que descanséis en ella, y el día para que podáis ver claro. Sí, Dios dispensa Su favor a los hombres, pero la mayoría de los hombres no agradecen» (40:61).

Dios continúa diciendo en otra aleya:

> Dios es quien os ha estabilizado la tierra y hecho del cielo un edificio, os ha formado armoniosamente y os ha proveído de cosas buenas. Ése es Dios, vuestro Señor. ¡Bendito sea, pues, Dios, Señor del universo! (40:64)

El ser humano disfruta de la misericordia de Dios, Quien es bueno y bondadoso. La misericordia de Dios es para todos, creyentes y no creyentes, obedientes o desobedientes, musulmán o no musulmán, negro o blanco.

El Corán dice: «Dios es Quien ha creado los cielos y la tierra y ha hecho bajar agua del cielo, mediante la cual ha sacado frutos para sustentaros» (14:32). Y continúa diciendo: «Os ha dado de todo lo que Le habéis pedido. Si os pusierais a contar las gracias de Dios, no podríais enumerarlas. El hombre es, ciertamente, muy impío, muy desagradecido» (14:34).

---

6. *Surat Tauba* (cap. 9).
7. En transliteración árabe la *Basmalá* lee, *Bismilahi ar-Rahmani ar-Rahim*.

La misericordia de Dios para Su creación es inconmensurable. No podemos imaginar ni contar Sus favores hacia la humanidad. Da comida y bebida a la gente, los medios para desplazarse y para cada necesidad de la vida. Provee para ellos independientemente de su comportamiento. Dios ha creado a la humanidad como la mejor expresión de la Creación y les ha dado todo lo que necesitan para el desarrollo físico y espiritual. Dios ha dado todo esto debido a Su misericordia. Dios es el todo-Misericordioso, y a través de Su misericordia las personas alcanzan paz, tranquilidad, esperanza y confianza. La misericordia de Dios es real y activa; permea todas las dimensiones de la experiencia humana.

Más aún, Dios ha prometido hacer extensivo Su amor a los que obedecen Su voluntad. Su misericordia se extiende a toda la humanidad. Su amor se hace extensivo a los que se someten a Su voluntad. El Corán dice: «Di: 'Si amáis a Dios, ¡seguidme! Dios os amará y os perdonará vuestros pecados. Dios es indulgente, misericordioso'» (3:31).

Dios es todopoderoso

Hemos visto que Dios es Compasivo y Misericordioso, por lo tanto debemos también observar que solo Dios posee todo poder. Nadie fuera de Alá puede beneficiar o dañar a una persona. Solo Dios puede proveer para las necesidades humanas, y dar o quitar la vida. El Santo Corán proclama:

«¿No sabes que el dominio de los cielos y de la tierra es de Dios y que no tenéis, fuera de Dios, amigo ni auxiliar?» (2:107). En Dios solamente descansa la autoridad para ejercer poder en los cielos, en la tierra y sobre la Creación entera.

La autoridad y poder supremos de Dios no pueden ser desafiados por nada ni nadie. Él es el Amo Supremo de todo el universo, así como su Creador. Una aleya coránica que comenta sobre el poder soberano de Dios, dice:

Di: «¡Oh, Dios, Dueño del dominio! Tú das el dominio a quien quieres y se lo retiras a quien quieres, exaltas a quien quieres y humillas a quien quieres. En Tu mano está el bien. Eres omnipotente.» (3:26)

Esta es una seria advertencia de Alá para aquellos que tienen el poder en la tierra. Ellos deben recordar que Dios da el poder y también quita a los gobernantes del poder según le place. Él es capaz de hacer esto porque todo poder procede de Él. Él es el Señor del poder.

«¡Exaltado sea Dios, el Rey verdadero! No hay más dios que Él, el Señor del Trono noble. Quien invoque a otro dios junto con Dios, sin tener prueba de ello, tendrá que dar cuenta solo a su Señor» (23:116-117). Esta aleya explica la naturaleza del poder de Dios. Él es el más exaltado Poder, el Soberano, el Amo. La firme creencia en la naturaleza todopoderosa de Dios puede ayudar al hombre a darle la mejor de las explicaciones posibles a las muchas cosas misteriosas que ocurren en la vida.

Alá es la indiscutible Autoridad, el único digno de recibir obediencia, y de hecho la recibe. Él es el más Supremo, así que todos deben inclinarse ante Él en sumisión y adoración. Con todo su poderío, Dios se mantiene puro y libre de pecado y maldad.

Dios es sabio y omnisciente

El Omnipotente, Misericordioso, Benevolente Alá es también todo-sabio y omnisciente. El Santo Corán enseña: «Da lo mismo que mantengáis ocultas vuestras palabras o que las divulguéis. Él conoce bien todo lo que encierran los pechos. ¿No va a saber Quien ha creado, Él, Que es el Sutil, el Bien Informado?» (67:13-14).

Los musulmanes toman estos atributos de la sabiduría de Dios muy en serio. Por ejemplo, uno no debería pecar pensando que porque no hay nadie presente pasará desapercibido. El conocimiento de Dios se extiende a todo lo visto o no visto, hablado o no hablado. Nada se puede esconder de Él, ni los deseos o intenciones no declaradas.

La sabiduría y el conocimiento de Dios son enfatizados en varias aleyas del Corán. Por ejemplo, Él dice:

> ¡Alabado sea Dios, a Quien pertenece lo que está en los cielos y en la tierra! ¡Alabado sea también en la otra vida! Él es Sabio, el Bien Informado… No se Le pasa desapercibido el peso de un átomo en los cielos ni en la tierra. No hay nada, menor o mayor que eso, que no esté en una Escritura clara… (34:1, 3)

Él sabe lo que hay en la tierra y en el mar. No cae ni una hoja sin que Él lo sepa, no hay grano en las tinieblas de la tierra, no hay nada verde, nada seco, que no esté en una Escritura clara (6:59).

Es el Dios perfecto Quien conoce todo lo que está pasando en el presente y en el futuro. Él sabe lo que está cerca y lo que está lejos, lo que está en el cielo y lo que está en la tierra. Su conocimiento no tiene límites. Instruye a los seres humanos en sabiduría a través de Sus mensajeros y por medio de las Escrituras. También revela a los humanos el conocimiento de las leyes de la naturaleza y Sus maravillosos prodigios de Su creación, y en el orden del universo. Todo esto es parte de Su sabiduría y conocimiento.

Dios es eterno

Como musulmanes, se nos manda fuertemente creer y saber que Dios es eterno. De esta manera reconocemos que Dios no tiene principio ni fin, que siempre ha estado ahí y lo siempre estará. No hay nadie ni antes ni después de Él. Él ya era cuando no había nada y será cuando no haya nada. El Corán declara: «Él es el Principio y el Fin, el Visible y el Escondido. Y es omnisciente» (57:3).

El Dios eterno no está limitado por tiempo, espacio, lugar o circunstancia. Como Él existe más allá del tiempo, no hay en Él senilidad. Dios es preexistente y eterno, pero otras formas de existencia acabarán. Todo lo que existe perecerá, excepto Dios Quien permanecerá para siempre. El Corán enseña que «Todo aquel que está sobre ella es perecedero. Pero subsiste tu Señor, el Majestuoso y Honorable» (55:26-27). Esta enseñanza es importante porque recuerda a los creyentes que como seres humanos no somos más que visitantes en este mundo. Solo Dios vive y permanece eternamente, todo lo demás es transitorio.

Las obras humanas más grandiosas, como las naves espaciales o los rascacielos, son nada a los ojos de Dios. Los grandes imperios, las estupendas obras de la ciencia, del arte y de todos los demás ámbitos de esfuerzo humano, perecerán. Las grandes maravillas de la naturaleza como las montañas, los valles, los mares, las estrellas, el sol y la luna, igualmente perecerán cuando Dios así lo disponga. Solo Dios, el Amo Supremo de todo el universo y el Creador de todas las cosas, permanecerá.

Resumen

Al intentar comprender la naturaleza y las obras de Dios, aprendemos que Dios es Uno solo sin socio ni hijo. Él es el Creador del universo y de todo lo que en él se halla. Él es el Compasivo y el Misericordioso

y Su misericordia es para todas las criaturas. Él es justo. Él es el Guía
y el Guardián de todo. Él es preexistente y eterno. Él es omnisciente
y todo-sabio. Él es amante y proveedor; y Su misericordia por Sus
criaturas no conoce límites. Él es santo y no puede cometer pecado o
hacer el mal. Él es independiente y único.

Dado que Él es único, las personas no pueden conocer todo acerca
de Dios, y aun la lista de noventa y nueve nombres de Dios no es para
nada exhaustiva. Sin embargo, el musulmán puede reconocer a Dios
mediante la reflexión, la meditación, el compromiso firme al credo:
La ilaha illa 'llah, y la total sumisión pacífica a Sus mandamientos y
voluntad.

Una respuesta cristiana

Cristianos y musulmanes adoran al mismo Dios. Ambos testifican
que hay un solo Dios verdadero, el justo y trascendente Creador de
todas las cosas en el cielo y en la tierra. Más aún, los cristianos aceptan
con gratitud todos los noventa y nueve nombres de Dios que los musulmanes repiten en adoración y alabanza a Él. Incluso el nombre de
Alá es afirmado por los cristianos como nombre de Dios. El Profeta
Abraham conoció a Dios como *El* o *Elohim* que es la forma hebrea del
árabe *Allah* (Alá). No es de sorprenderse que el Corán afirma que los
más cercanos a los musulmanes son los cristianos. El aprecio profundo
que los musulmanes tienen hacia la trascendencia y soberanía de Dios
es un testimonio que los cristianos necesitan escuchar.

Sin embargo, dentro de nuestra fe común en Dios, cristianos y
musulmanes experimentan diferencias. Éstas tienen sus raíces en un
entendimiento diferente de cómo Dios se relaciona con las personas.
El Corán enfatiza la revelación que Dios hace a los humanos de Sus
mandamientos y Sus nombres. En la Biblia percibimos a Dios como
Aquel que se revela a Sí Mismo a la humanidad.

El testimonio bíblico es que Dios ha escogido revelarse a Sí Mismo —Su Persona— a la humanidad. Dios, como Aquel que personalmente sale al encuentro, es conocido como Yahvé, el Dios del pacto,
el «YO SOY», el que siempre está presente llamando a las personas
a una relación de pacto con Él mismo. Yahvé revela no solamente su
voluntad, mandamientos y nombres a la humanidad, sino también se
revela a Sí Mismo, Su Persona.

La Biblia revela que Yahvé, en Su auto-revelación, manifiesta
que Él es Aquel que nos ama perfectamente. De hecho, el testimo-

nio bíblico es que Yahvé Dios se da a Sí Mismo en amor sufriente y redentor. Debido a Su amor, Él llora cuando nosotros lloramos, sufre cuando nosotros sufrimos, se duele de nuestro pecado. Dios nos ama totalmente.

El testimonio cristiano es que Dios nos invita a una relación de pacto consigo mismo. Él nos invita a conocerle y a tener comunión con Él, a Quien el islam alaba por medio de la repetición reverente de Sus noventa y nueve nombres.

2

La Creación

La perspectiva musulmana

Vuestro Señor es Dios, Que ha creado los cielos y la tierra en seis días»[8] (7:54). El santo Corán y las Tradiciones *(Hadiz)* del Santo Profeta (P y B) describen la actitud musulmana de alabanza a Alá por la maravilla de la Creación.

Ya hemos explicado que Dios es el creador del universo y de todas las cosas vivientes y no vivientes que encontramos en él. Nuestro principal objetivo en este capítulo será examinar la relación entre la humanidad, la naturaleza y Dios, el Creador de todo.

La tierra y el universo fueron creados por Dios a través de un largo proceso, paso a paso. El Corán describe el proceso básico de la formación del universo de esta manera:

> ¿Es que no han visto los infieles que los cielos y la tierra formaban un todo homogéneo y los separamos? ¿Y que sacamos del agua a todo ser viviente? ¿Y no creerán? Hemos colocado en la tierra montañas firmes para que ella y sus habitantes no vacilen. Hemos puesto en ella anchos pasos a modo de caminos. Quizás, así, sean bien dirigidos. Hemos hecho del cielo una techumbre protegida. Pero ellos se desvían de sus signos. Él es Quien ha creado la noche y el día, el sol y la luna. Cada uno navega en una órbita. (21:30-33)

---

8. Comentaristas musulmanes sobre el Corán creen que los seis días representan un período metafórico. Un día en la perspectiva de Dios puede durar de 1.000 a 50.000 años nuestros (ver 70:4). Estos días de la Creación son, de hecho, seis largos períodos de tiempo.

Estas *aleyas* del Corán indican la evolución del mundo ordenado. El testimonio coránico explica que Dios creó los cielos y la tierra y todo lo que hay entre ellos en seis «períodos», «sin sufrir cansancio» (50:38). Dios creó el universo y la tierra de una manera ordenada, progresiva, paso a paso. También aprendemos que toda forma de vida empezó en el agua, una perspectiva que es respaldada por la ciencia moderna. El Corán da testimonio adicional sobre Alá ordenando la tierra:

> Obscureció la noche y sacó la mañana. Extendió, luego, la tierra, sacó de ella el agua y los pastos, fijó las montañas. Para disfrute vuestro y de vuestros rebaños. (79:29-33)

Podemos deducir del testimonio coránico que Dios no es solo el Creador de todo el universo, sino que también lo ha creado de una forma ordenada y comprensible. Probablemente las personas sean lo último en el proceso creativo de Dios. Dios ha creado cosas en los cielos,[9] cosas en la tierra, cosas entre los cielos y la tierra, y cosas debajo de la tierra. «Suyo es lo que está en los cielos y en la tierra, entre ellos y bajo tierra» (20:6).

En resumen, el testimonio coránico sobre la Creación es como sigue: primero, hubo seis períodos en los cuales se llevó a cabo la Creación. Segundo, hubo un encadenamiento de las etapas en la Creación del cielo y la tierra. Tercero, el universo fue inicialmente una masa única de un solo bloque, que Dios dividió por Su poder y voluntad. Cuarto, existe una pluralidad de cielos y tierra, enfatizándose los siete cielos. Quinto, existe un mundo intermediario de planetas y cuerpos celestes entre los cielos y la tierra. Sexto, solo Dios es el Creador de la naturaleza y el universo, y ninguno de los dos puede ser Dios ni ser adorado como tal, porque Dios es totalmente trascendente sobre la Creación. Séptimo y último, Dios creó todo de una manera ordenada y comprensible.

El hombre como califa

Es apropiado preguntarnos, ¿cuál es el rol que Dios le ha dado a los humanos en relación con Su creación? Ya hemos dicho que la humanidad fue parte de la Creación y muy probablemente el último ser que Dios creó. Los seres humanos fueron creados de una manera especial.

---

9. Los musulmanes creen que Dios ha creado siete cielos: «Dios es Quien ha creado siete cielos y otras tantas tierras» (65:12).

El Señor del universo les concedió la facultad de aprender, hablar, comprender y discernir entre el bien y el mal. Ya que solo ellos poseen estas cualidades, gozan de un estatus especialmente alto en la jerarquía de todas las criaturas conocidas, tanto en el cielo como en la tierra.

El primer hombre que Dios creó fue Adán. Fue el primer ser humano que apareció tanto en el cielo como en la tierra. Adán fue creado como un califa (vicerregente) de Dios sobre la tierra. Según el Corán, el Señor le dijo a los ángeles:

> Y cuando tu Señor dijo a los ángeles: «Voy a poner un sucesor en la tierra». Dijeron: «¿Vas a poner en ella a quien corrompa en ella y derrame sangre, siendo así que nosotros celebramos Tu alabanza y proclamamos Tu santidad?» Dijo: «Yo sé lo que vosotros no sabéis». (2:30)

Después de eso Dios creó a Adán de la arcilla, y se le enseñó a Adán los nombres de todas las cosas y el conocimiento de sus propiedades. Dios luego colocó estas cosas delante de los ángeles, diciéndoles: «Informadme de los nombres de éstos, si es verdad lo que decís» (2:31).

Aunque a Adán se le había enseñado los nombres de todas las cosas en presencia de los ángeles, no podían recordar un solo nombre, así que contestaron: «¡Gloria a Ti! No sabemos más que lo que Tú nos has enseñado. Tú eres, ciertamente, el Omnisciente, el Sabio» (2:32).

Después Dios le pidió a Adán que dijera a los ángeles todos los nombres de las cosas que se le había enseñado. Adán relató correctamente todos los nombres tal y como se le había enseñado, para sorpresa de los ángeles. Así que Dios declaró el conocimiento de Su califa en la tierra como superior al de Sus ángeles. Ordenó a todos Sus ángeles postrarse ante Adán; todos obedecieron excepto *Iblis* (Satanás) que con orgullo se rehusó y de esta manera rechazó la fe (ver 2:34).

Por este tiempo, Dios creó una pareja (esposa) para Adán, para hacerle compañía. Su nombre era Haua (Eva). El Corán declara:

> Dijimos: «¡Adán! Habita con tu esposa en el Jardín y comed de él cuanto y donde queráis, pero no os acerquéis a este árbol! Si no, seréis de los impíos». (2:35)

Hemos observado que Alá creó a los humanos de una forma especial y también les dio un estatus especial. Adán debía ser el califa de

Dios. Entonces Dios le enseñó los nombres de todas las criaturas, los cuales aprendió perfectamente. Después Dios pidió a los ángeles que se postraran ante el hombre, cosa que todos hicieron excepto Satanás.[10]

¿Qué significa todo esto? Significa que Dios le dio al hombre la posibilidad de tener el control sobre todas las cosas, ya que poseer el nombre de una cosa significaba tener poder sobre ella. El Corán dice: «La tierra es de Dios y se la da en herencia a quien Él quiere» (7:128).

Dios ha honrado al hombre, Su califa, con autoridad sobre Sus innumerables criaturas. A los seres humanos se les ha comisionado usar la naturaleza para su propio bienestar (33:72). Como califa, el ser humano ha sido escogido para cultivar la tierra y enriquecer la vida con conocimiento y sentido. La naturaleza está sujeta a los humanos. La posición superior que el hombre tiene ante los ojos de Dios hace del hombre una autoridad sobre toda la Creación de Dios. Solo los seres humanos gozan del derecho de usar la naturaleza para su propio bien en obediencia a los mandatos Divinos.

El Corán enseña:

> Dios es Quien ha sujetado el mar a vuestro servicio para que las naves lo surquen a una orden Suya... Y ha sujetado a vuestro servicio lo que está en los cielos y en la tierra. (45:12-13)

El mar que se menciona aquí es apenas uno de muchos ejemplos del cuidado maravilloso de Alá al disponer todas las cosas de la naturaleza para el servicio de los humanos. Mientras somete a la naturaleza para su propio bien, el hombre debe recordar que todo proviene de Dios. Solo es el califa de Dios en la tierra. Por lo tanto, debe usar los recursos naturales de forma responsable en obediencia a los mandatos revelados de Dios.

Los derechos de la naturaleza

Aunque la posición superior de los seres humanos les da autoridad sobre la Creación de Dios, algunas veces sobrepasan los límites. El islam enseña que toda la Creación tiene ciertos derechos que no pueden ser violados por la humanidad. Esto quiere decir que el hombre no tiene la libertad para hacer un mal uso de la naturaleza. El derecho fundamental de la Creación de Dios (la naturaleza) es que no debe ser

---

10.   La teología musulmana sostiene que *Iblis* (Satanás) no era un ángel sino un *yinn* (espíritu) y que era el líder de un grupo de estos espíritus que desobedecieron a Alá.

desperdiciada a través de emprendimientos infructuosos, ni tampoco dañada o destruida innecesariamente. Por ejemplo, el islam rechaza la tala indiscriminada de árboles y vegetación. El califa puede usar los frutos y otros productos del bosque o los prados, pero no tiene derecho para destruirlos libremente. Después de todo, las plantas y los vegetales tienen vida. «Hemos hecho bajar del cielo agua bendita, mediante la cual hacemos que crezcan jardines y el grano de la cosecha... para sustento de los siervos» (50:9-11).

El califa tiene la libertad de explorar otros planetas, pero no tiene derecho a intentar destruirlos. El islam prohíbe la destrucción aun de las cosas inanimadas. Más aún, desaprueba el desperdicio del agua; y recomienda una cantidad limitada y prescrita para las abluciones (*wadu*) y el baño (*ghusul*).

Incluso para los alimentos, Alá no permite el desperdicio ni el exceso. Está mal sobrealimentarse cuando otros padecen hambre. A los musulmanes se les permite matar animales para comer, pero se les ha prohibido cazar por diversión, deporte o travesura. Y cuando se mata a un animal, se debe hacer de la manera que le cause menos dolor. Antes de sacrificar el animal, el nombre del Dador de la Vida es pronunciado, como recordatorio de que la vida no debe quitarse desconsideradamente, sino para proveer alimento. La caza se permite solo cuando es para obtener comida. Sin embargo, se puede matar a animales peligrosos y venenosos ya que la vida humana es más valiosa que la de animales peligrosos. Nuevamente, debe ser matados con el menor grado posible de dolor. Las bestias de carga deben ser tratadas con amabilidad y compasión. Los pájaros no deben ser enjaulados a menos que haya una muy buena razón para ello.

Resumen

En resumen, hemos visto que Dios, el Creador de todo, ha enseñado a la humanidad a usar la naturaleza pero evitando todo desperdicio y destrucción de la misma. La naturaleza es la provisión del misericordioso Alá para el sustento de los humanos; se les ordena, por lo tanto, que hagan el mejor uso posible de los recursos creados por Dios en la tierra. La administración responsable en obediencia a los mandatos Divinos de Dios es la clave para el enfoque musulmán al desarrollo.

Una respuesta cristiana

Tanto el islam como el cristianismo reconocen que la naturaleza es una creación maravillosa de Dios. Los seres humanos son llamados por Dios para hacer uso de ella con responsabilidad y gratitud. La destrucción y explotación egoísta de la naturaleza es condenada por cristianos y musulmanes. Los cristianos se identifican profundamente con el aprecio que los musulmanes tienen hacia la naturaleza, como la creación buena y maravillosa de Dios. Ambos también reconocen su dependencia de Dios para el uso responsable de ella.

Sin embargo, pareciera haber algunas diferencias entre el entendimiento musulmán y cristiano de la naturaleza. Por ejemplo, en el islam aprendemos que Dios enseñó al hombre los nombres de todas las cosas; en la historia bíblica leemos que el hombre recibió la orden de dar nombre a todos los animales. En el islam, el ser humano es el califa de Dios en la tierra; en el cristianismo se le ordenó tener dominio sobre la tierra. ¿Sugiere esto que en la Biblia se le da a las personas considerable libertad, autoridad y responsabilidad para usar la naturaleza para su propio bien?

Sin embargo, la Biblia señala que las personas viven de manera más gozosa en su relación con la naturaleza cuando tienen una relación correcta y gozosa con Dios.

El propósito de la Biblia es revelar el significado de la vida; no es un libro de información científica. Una parte de la revelación bíblica demuestra que la tierra es creación buena y ordenada de Dios. La Biblia no va más allá. Es responsabilidad de la humanidad comprender cómo Dios ordenó la tierra, investigar los misterios de las leyes de la naturaleza. En la Biblia leemos que Dios ordenó al hombre «sojuzgar», «llenar», «labrar», «señorear», «guardar» la tierra.

3

Adán y Haua

La creencia musulmana

Y cuando lo haya formado armoniosamente e infundido en él de Mi Espíritu» (15:29). En otra aleya coránica Alá dice: «Y cuando tu Señor dijo a los ángeles: 'Voy a poner un sucesor en la tierra'» (2:30). Los eruditos musulmanes no están totalmente de acuerdo respecto al significado de ser el califa (vicerregente) de Dios, o de recibir el espíritu de Dios. Algunos eruditos modernos creen que la evidencia coránica sugiere que el hombre tiene cierto parecido con Dios. Pero la creencia ortodoxa es que el hombre no tiene ningún parecido con Él. Que Dios haya soplado en el hombre Su espíritu es interpretado por algunos estudiosos como la facultad de conocimiento y voluntad parecida a la de la Deidad, que —empleado correctamente— le da al hombre superioridad sobre toda la Creación. Sin embargo, esto no es hacer que Dios se vuelva un hombre, ya que Dios es absolutamente trascendente.

No obstante, el hombre es un ser digno y honorable a quien se le ha infundido el espíritu de Dios, y se le ha comisionado como Su califa sobre la tierra. El hombre disfruta del cargo de califa porque solo él de todas las criaturas de Dios ha sido dotado de facultades racionales, aspiraciones espirituales y los poderes para una acción consciente. El Señor del universo y su Amo ha creado la tierra y ha encargado al hombre ser el mayordomo. Alá le ha otorgado una autonomía limitada al hombre, lo designó como Su califa sobre la tierra, y le ha ordenado vivir según Su dirección.

Como Dios ha soplado Su espíritu en el hombre, por lo tanto, existe algo en él que es especial, algo que el humano siempre retiene en alguna medida. Ese «algo» es lo siguiente:

a. la inteligencia (o el conocimiento) para discernir entre el bien y el mal, lo bueno y lo malo, realidad y alucinación.
b. a voluntad para elegir libremente entre lo bueno y lo malo, verdadero o falso, el bien y el mal.
c. la autoridad para adquirir y hacer uso de las cosas que le rodean.
d. el poder del habla —ser capaz de expresar su adoración por su Creador.

Todas las cualidades mencionadas anteriormente son cualidades espirituales que Dios ha confiado al hombre, y si se usan correctamente le dan al hombre la capacidad de someterse a la voluntad de Alá. Hemos de observar también que cuando Dios creó al hombre, le ordenó que Le alabara a Él, y a nadie más. Puso al hombre sobre la tierra por un tiempo determinado para probar de qué forma usaría las cualidades espirituales, tan especiales, que Dios le ha dado. Dios creó al hombre para que le adore, no para ser Su par ni Su rival en ninguna cosa. Así que las cualidades espirituales del hombre son proporcionales a su naturaleza finita.

Por más bueno que sea el hombre, no puede alcanzar el nivel de bondad y perfección de Alá, su Creador. La historia ha demostrado que el hombre es negligente, descuidado y olvidadizo. Es bueno pero imperfecto. Y al ser imperfecto necesita constantemente que le recuerden. Es por esto que Dios envió a Sus profetas y mensajeros, para ayudar al hombre a alcanzar la perfección. A través de los profetas, Dios ha estado recordando vez tras vez al hombre la Ley de Dios.

Los primeros musulmanes

El testimonio musulmán dice que Adán, el primer califa de Alá en la tierra y primer hombre de la Creación, fue también el primer Profeta enviado para dar dirección a la humanidad. La profecía empieza con el primer hombre. Al primer hombre sobre la tierra se le da dirección clara y una ley a guardar que debía legar a sus descendientes. Esta ley era y aún es el «islam», la sumisión a Alá.

El testimonio musulmán sincero es que la primera etapa de la vida en la tierra no empezó en pecado y rebelión contra el Creador. Aunque Adán y Haua (Eva) fueron enviados del Jardín Celestial a la tierra después de la tentación de Satanás,[11] se dieron cuenta del pecado que habían cometido y se arrepintieron. Buscaron perdón de Dios y se les dio la dirección necesaria. Adán fue un Profeta verdadero de Alá. Ellos fueron los primeros musulmanes verdaderos.

Esto es revelado claramente en el Corán, leemos: «Dijeron: '¡Señor! Hemos sido injustos con nosotros mismos. Si no nos perdonas y Te apiadas de nosotros, seremos, ciertamente, de los que pierden'» (7:23). El misericordioso Alá los envió a la tierra con las palabras «Y dijimos: '¡Descended! Seréis enemigos unos de otros. La tierra será por algún tiempo vuestra morada y lugar de disfrute'» (2:36).

Sin embargo, la presencia del hombre en la tierra no es un castigo, sino una prueba de su compromiso a la voluntad de Alá. Aunque los envió a la tierra después de la tentación de Satanás, ciertamente Dios los perdonó. El Corán dice: «Adán recibió palabras de su Señor y Éste se volvió a él. Él es Indulgente, el Misericordioso» (2:37).

Debido a que Dios es todo-amante y todo-misericordioso, le aseguró al hombre dirección a pesar de sus errores. Le dijo: «¡Descended todos de él! Si, pues, recibís de Mí una dirección, quienes sigan Mi dirección no tendrán que temer y no estarán tristes» (2:38).

Así que al primer hombre se le dio inspiración y dirección para toda la humanidad. Dios le promete al hombre que cualquiera que siga esta dirección será libre de cualquier temor por el presente o el futuro, y de cualquier lamento por el pasado.

Muchos musulmanes creen que Adán y Haua fueron colocados inicialmente en el Jardín Celestial para probar sus inclinaciones antes de ser enviados a la tierra, donde habían sido designados como califa.[12] El Jardín era el mejor sitio para la prueba, ya que en realidad era el Paraíso (*Yanna*). Al hombre se le demostró que el Paraíso era el lugar conveniente para vivir, pero si cedía a las tentaciones de Satanás no podría permanecer allí. El único camino para recuperar el «Jardín» era oponiéndose implacable y exitosamente a Satanás obedeciendo la ley de Dios. El Profeta Adán recibió dirección verdadera para que él, su familia y sus descendientes pudieran someterse a la voluntad de Alá como musulmanes obedientes, y de esta manera recuperar el Paraíso.

Es significativo que Haua (Eva) fuera igualmente responsable, como Adán, de haber cedido ante Satanás. Ambos fueron tentados,

---

11.   Satanás también fue expulsado del cielo.
12.   A. Maududi, *The Meaning of the Qur'an* [El significado del Corán], Vol. I (Lahore: Islamic Publications Ltd., 1971), pp. 58-59.

ambos se arrepintieron, y ambos fueron bendecidos y perdonados por el misericordioso Alá. Ambos eran musulmanes verdaderos. Así que mujer y hombre son iguales a los ojos de Dios. Ambos son califa de Dios sobre la tierra. Ningún musulmán debe atribuir el primer error a la mujer. En el islam la mujer no es inferior al hombre, ni el hombre inferior a la mujer.

La fragilidad de la humanidad

Todas las personas nacen como musulmanes verdaderos, inocentes, puros y libres (30:30). Ninguna acción particular ha torcido la voluntad humana. Cualquier concepto de pecado original es contrario a las enseñanzas verdaderas del islam. No es un pecado para el hombre ser falible. Como criatura finita, no puede ser perfecto. Sin embargo, se convierte en pecado el tener los medios para alcanzar la perfección y no hacer uso de ellos. El hombre no es responsable por cometer pecados durante su niñez. Recién se hace responsable cuando crece, Dios le da intelecto, y es capaz de distinguir entre lo bueno y lo malo. Solo entonces adquiere responsabilidad ante su Creador. No obstante, dado que el hombre nace bueno, lo que se vuelve después de su nacimiento es mayormente el resultado del medioambiente y las influencias externas.

Aunque el hombre es un ser responsable y bueno, cometer actos pecaminosos es la responsabilidad del ofensor. Según el testimonio musulmán, el pecado no es hereditario, ya que ningún ser humano nace pecador. De la misma manera, el pecado no es de naturaleza comunitaria, ni transferible. Dios le ha dado al hombre libre albedrío, y por lo tanto es personalmente responsable de sus propias acciones, buenas o malas, correctas o incorrectas. El humano puede hacer mal uso de su libertad y caer en corrupción y todos los demás vicios, pero al mismo tiempo es capaz de reformarse y puede ser perdonado si decide sinceramente someterse a la dirección de Dios. El pecado es adquirible, pero no innato. Por lo tanto, si el hombre usa correctamente las cualidades especiales que se le han dado, puede fácilmente evitar el pecado. El pecado no es inevitable, porque el hombre no es pecaminoso.

Resumen

En conclusión, la perspectiva musulmana del hombre puede ser resumida de la siguiente manera: el hombre es una criatura digna y honorable en la que Dios ha soplado su espíritu. Este espíritu puede ser considerado como conocimiento y voluntad semejantes a los de Dios;

no sugiere que el hombre sea la semejanza, el par o el rival de Dios. Las cualidades espirituales que el hombre ha recibido son solo proporcionales a su naturaleza finita. El hombre también ha sido puesto como el califa de Dios sobre la tierra.

El islam no cree que la humanidad es pecaminosa. Más bien el islam enseña que el hombre no es perfecto. ¡Solo Dios es perfecto! Pero el hombre imperfecto se olvida y es negligente. Es por eso que el hombre necesita que constantemente, por medio de Profetas y la revelación, se le haga recordar el camino correcto.

Una respuesta cristiana

¿Qué es el hombre? Esa es la pregunta. ¿Qué significa para el ser humano recibir el Espíritu de Dios? Ciertamente significa que las personas son lo más alto de la Creación, tal como atestigua el islam. La Biblia dice que el hombre es poco menor que los ángeles, pero coronado de gloria y de honra *(Hebreos 2:7)*.

El testimonio cristiano amplía la creencia islámica de que la humanidad recibió el Espíritu de Dios al ser creado. La Biblia dice: «Entonces Jehová Dios formó al hombre del polvo de la tierra; y sopló en su nariz aliento de vida, y fue el hombre un ser viviente» *(Génesis 2:7)*. Y también dice: «Y creó Dios al hombre a su imagen, a imagen de Dios lo creó; varón y hembra los creó» *(Génesis 1:27)*. Decir que los humanos fueron creados a imagen de Dios no significa que Dios se parece a ellos o que ellos se parecen a Dios en sentido físico. Quiere decir que los humanos poseen cualidades profundas, semejantes a las de Dios. Esta semejanza significa especialmente que las personas tienen la capacidad de relacionarse —tener comunión— con Dios. Las personas pueden conocer a Dios. Tienen la capacidad de disfrutar de una relación de pacto con su Creador; son personales, son semejantes a Dios.

El islam enfatiza las habilidades intelectuales del ser humano. La fe cristiana está especialmente impresionada con los seres humanos como criaturas de pactos y de comunión. En el islam la humanidad fue creada para la obediencia a la voluntad de Dios. Los cristianos creen que los humanos encuentran su humanidad más completa en una comunión gozosa con Dios y otras personas.

La Biblia también describe lo que ocurre cuando la gente rechaza a Dios. Cuando las personas se rebelan contra Dios, se vuelven malos y pecadores. Los cristianos creen que la imagen de Dios en la que fueron creados se estropea cuando no se vive en una relación correcta y gozosa con Dios. La Biblia dice: «Todos pecaron, y están destituidos de la gloria de Dios» *(Romanos 3:23)*.

Una aclaración musulmana

Es dudoso si el espíritu de Dios que Adán recibió, según el islam, es lo mismo que la interpretación cristiana del Espíritu de Dios. Como se menciona anteriormente, los musulmanes creen que el espíritu se refiere a vida que proviene de Dios y que le ha dotado al hombre con cualidades que son superiores a otras criaturas, siendo las más notables: inteligencia superior, voluntad, autoridad y el habla.

4

Satanás y el mal

El origen del mal

Nuestra creencia sincera como musulmanes es que Satanás (Iblis) ha sido la fuente y el centro del mal desde antes de la creación de Adán, el primer humano de la historia. Satanás fue la primera criatura que desobedeció y dirigió una rebelión contra Dios, mucho antes de la creación del hombre. El santo Corán relata:

> Y cuando tu Señor dijo a los ángeles: «Voy a crear a un mortal de barro arcilloso, maleable, y, cuando lo haya formado armoniosamente e infundido en él Mi Espíritu, caed prosternados ante él». Todos los ángeles, juntos, se prosternaron, excepto Iblis, que rehusó unirse a los que se prosternaban. (15:28-31)[13]

La desobediencia de Iblis fue la fuente y origen del mal entre la humanidad. Cuando Dios preguntó a Iblis por qué rehusó postrarse, contestó: «Yo no voy a prosternarme ante un mortal que Tú has creado de barro arcilloso, maleable» (15:33). Añadió que él era mucho mejor que el hombre porque había sido creado del fuego (o luz). El hombre fue formado de barro.

Cuando Dios creó al primer hombre, infundió Su espíritu en él, lo designó como Su califa, le dio los nombres de todas las cosas, probó a los ángeles con los nombres de las cosas y fallaron, y ordenó a todos ellos que se postraran ante Adán, Iblis orgullosamente rehusó hacerlo, y se convirtió en un no creyente. Por lo tanto, él es la fuente de todo mal.

---

13.   Ver también 7:11 y 2:34.

Iblis estaba orgulloso que él había sido creado de la luz y por lo tanto era mucho mejor que el hombre, formado del barro. Lo que Iblis no había captado era que el hombre, aunque creado de barro, había sido creado en la mejor forma. Había recibido una parte del espíritu de Dios y había sido nombrado como Su califa. Ninguno de estos honores habían sido dados anteriormente a ninguna criatura, ni en el cielo ni en la tierra. Vemos que la arrogancia, el egoísmo, los celos y la rebelión —las fuentes mismas del mal— eran (y son) la posesión exclusiva de Satanás.

Por negarse Iblis en su orgullo a postrarse ante el hombre, y por mofarse tanto de los ángeles que se postraron como del hombre ante quien se inclinaban, Dios lo rechazó y lo maldijo. Dios dijo: «¡Sal de aquí! ¡Eres un maldito! ¡La maldición te perseguirá hasta el día del Juicio!» (15:34-35). A pesar del rechazo, Iblis hizo una petición más, la cual le fue otorgada posteriormente. Dijo: «¡Señor, déjame esperar hasta el día de la Resurrección!» (15:36). El indulto (temporal) le fue concedido a Iblis hasta el día señalado. Nuevamente el malvado Iblis le propuso a Dios lo siguiente:

> Dijo: «¡Señor! Por haberme Tú descarriado, he de engalanarles en la tierra y he de descarriarles a todos, salvo a aquellos que sean siervos Tuyos escogidos». (15:39-40)

Alá contestó al malvado Iblis, quien se atrevió a culpar falsamente a Dios por sus caminos malvados:

> Dijo: «Esto es, para Mí, una vía recta. Tú no tienes poder algunos sobre Mis siervos, salvo sobre los descarriados que te sigan». La gehena es el lugar de cita de todos ellos. Tiene siete puertas y cada una tendrá un grupo definido de ellos. Los temerosos de Dios estarán entre jardines y fuentes. «¡Entrad en ellos, en paz, seguros!» (15:41-46)

De esta discusión aprendemos que Iblis ha sido el archienemigo de la humanidad desde el tiempo de la Creación hasta la actualidad (7:14-18). Satanás empezó su actividad maligna con el primer hombre que Dios creó y desde entonces ha continuado con sus malvadas seducciones.

Después que Dios hubo maldecido a Iblis, le dijo a Adán: «¡Habita con tu esposa en el Jardín y comed de lo que queráis, pero no os acerquéis a este árbol! Si no, seréis de los impíos» (7:19).

En ese tiempo nuestros primeros padres, Adán y Haua, eran inocentes en asuntos espirituales y materiales. Habían sido colocados en un Jardín espiritual de inocencia y dicha que no estaba en la tierra, sino en los cielos. No conocían el mal. Sin embargo, como califa de Dios, se les había otorgado, a través del espíritu de Dios, las facultades de conocimiento, voluntad y elección. Aunque tenían la capacidad para hacer lo malo, necesitaban elegir rechazar el mal. Dios, que es omnisciente y todo-sabio, decidió poner a prueba a Su califa al darles una elección, una pequeña prohibición. En este hermoso Jardín a los humanos se les prohibió acercarse a un solo árbol, el árbol prohibido. Pero sucumbieron a las tentaciones del Maestro del Mal.

Sobre este evento el Corán dice:

> Pero el Demonio les insinuó el mal, mostrándoles su escondida desnudez, y dijo: «Vuestro Señor no os ha prohibido acercaros a este árbol sino por temor de que os convirtáis en ángeles u os hagáis inmortales». Y les juró: «¡De veras, os aconsejo bien!» (7:20-21)

Así que, con engaño, Iblis sedujo a Adán y a su esposa, Haua, para que comieran del árbol, provocando así su caída del Jardín a la tierra. Lo más dramático fue que cuando comieron, su vergüenza se hizo visible a sus ojos por primera vez. Apresuradamente se cubrieron con hojas del Jardín. Pronto su Señor les llamó diciendo: «¿No os había prohibido ese árbol y dicho que el Demonio era para vosotros un enemigo declarado?» (7:22). De esa forma el jefe del mal logró desviar a los progenitores de la humanidad del camino recto, lejos de la voluntad de su Señor.

Debemos considerar también que Adán y Haua comieron el fruto del árbol prohibido como resultado de la tentación y engaño de Satanás. Por supuesto que desobedecieron a Dios y así cometieron un pecado, pero al mismo tiempo debemos entender que realmente no fue una desobediencia premeditada y deliberada. Volvemos a hacer notar que cuando Dios los llamó, se dieron cuenta de su pecado. Oraron pidiendo perdón y no dieron la espalda a Dios. Dijeron: «¡Señor! Hemos sido injustos con nosotros mismos. Si no nos perdonas y Te apiadas de nosotros, seremos, ciertamente, de los que pierden» (7:23).

Adán y Haua habían sentido vergüenza, culpabilidad y remordimiento por su desobediencia hacia Alá. Perdieron el estado de gozo del Jardín. Es por esto que oraron pidiendo la misericordia de Dios. Como musulmanes podemos deducir de este evento que el hombre es imperfecto, aún viviendo en el cielo. Al mismo tiempo aprendemos que cometer un pecado de la gravedad del de Adán y Haua no es impedimento para que el corazón humano sea reformado espiritualmente.

A los humanos, como califa de Dios, se les ha proporcionado el conocimiento suficiente para darse cuenta de sus pecados y sus fallos. Mejor aún, este conocimiento les ayuda a saber dónde y de quién pedir dirección. El testimonio islámico afirma que Alá está siempre listo, por su misericordia y gracia, a perdonar los pecados de quienes buscan sinceramente Su dirección y deciden mejorar. El peor pecado en el islam es *shirk* (asociar a Alá con otros dioses). Pero aun los ateos, politeístas o panteístas pueden ser perdonados por Alá si confiesan sus pecados ante Él y se someten sinceramente a Su voluntad y mandamientos.

Cuando Adán y Haua oraron pidiendo la misericordia y el perdón de Alá, no sabían las palabras correctas para expresarse, pero Dios, que es todo misericordia y amplio en perdonar, enseñó a Adán y Eva la oración de búsqueda de arrepentimiento. Alá los perdonó como el Corán lo demuestra: «Adán recibió palabras de su Señor y Éste se volvió a él. Él es el Indulgente, el Misericordioso» (2:37). Adán y Haua fueron así absueltos del pecado de desobediencia, y sus futuros descendientes fueron hechos inmunes de sus efectos. Alá no solo aceptó el arrepentimiento de Adán, sino que lo designó como Su mensajero para guiar a la humanidad.

Sin embargo, después que Alá hubo perdonado a Adán y Haua, los hizo descender a la tierra desde el Jardín celestial. La expulsión del Paraíso incluyó a Iblis, el archienemigo del hombre. Esto se demuestra en la frase: «Seréis enemigos unos de otros» (7:24), lo que significa que Dios decretó que Iblis y el hombre serán adversarios uno del otro. Iblis intenta al máximo desviar al hombre del camino de Dios hacia el camino del mal. Pero al hombre se le ordena, por dirección divina, pelear contra Iblis como su enemigo principal. El islam entiende que el mal alcanza solamente a quienes ceden ante él, y que no tiene ningún poder sobre los siervos sinceros de Alá, los que han sido perdonados gracias a Su misericordia.

Así que, dentro del islam, el mal es evitable si uno es sincero en su adoración a Alá. Es perdonable si el pecador se confiesa a Alá. Y no es hereditario.

Resumen

El testimonio islámico es que Iblis, que desobedeció a Alá aun antes de la creación del hombre, es la fuente del mal. Aunque el primer hombre, Adán, y su esposa, Haua, pecaron, no fue un deseo deliberado de desobedecer a su Creador. Fueron tentados por el señor del mal, Iblis. Ellos confesaron sinceramente su pecado a Alá, y Él les perdonó. La humanidad no sufre por el pecado y el mal debido a la desobediencia de Adán. El pecado no es hereditario. Adán, una vez arrepentido, fue nombrado como el primer mensajero de Dios a la tierra. Debía dar dirección a sus hijos. ¿Cómo podría Dios confiar tan alto puesto a un malhechor?

Una respuesta cristiana

El testimonio cristiano afirma que el origen del mal es el mal uso de la libertad personal. Satanás usó mal su libertad. Se rebeló contra Dios y consecuentemente se convirtió en alguien sumamente malo. Muchos ángeles y espíritus han seguido su ejemplo. El testimonio bíblico afirma que Satanás tentó a los humanos para que pecaran, y que ellos también decidieron ceder a la tentación de Satanás. Adán y Eva decidieron desobedecer a Dios. Tomaron del fruto que Dios les había prohibido. Huyeron de Dios y se escondieron entre los arbustos. Decidieron darle la espalda a Dios *(Génesis 3:1-24).*

La decisión de la humanidad de apartarse de Dios es la raíz del mal. En nuestra desobediencia nos volvemos malos. La imagen de Dios, en la que fuimos creados, se estropeado trágicamente porque le hemos dado la espalda a Dios, colectiva e individualmente. Dios no tiene la culpa. Nosotros mismos nos hemos apartado de Él. Es por esto que experimentamos culpa y muerte. La Biblia dice: «Porque la paga del pecado es muerte» *(Romanos 6:23).*

5

Los libros de Dios

¿Cuáles son las Escrituras musulmanas?

Adán fue la primera persona en recibir dirección de Dios. Después de demostrar pena por su pecado (como lo discutimos en el capítulo anterior) fue perdonado. Al mismo tiempo Dios le prometió a Adán darle dirección. Lo envió a la tierra para servir como el califa de Dios y lo nombró Su primer mensajero para dar dirección a sus hijos y al resto de la humanidad.

Tan pronto como Adán y sus hijos se establecieron en la tierra, Satanás empezó con sus tretas malvadas de nuevo. Pero cada vez que el caos, la confusión o la maldad llenaban la sociedad humana, Dios enviaba un mensaje para la reforma de la sociedad. Este mensaje a menudo estaba contenido en los Libros Santos (Escrituras) que fueron revelados a Sus profetas y mensajeros. Sin embargo, no a todos los profetas y mensajeros se les dieron Libros Santos. Dios reveló Sus Libros Divinos solo a algunos profetas y mensajeros.

Como musulmanes, es una parte central de nuestra fe creer en los cuatro Libros Santos (Escrituras) de Alá. Todos estos Libros son santos y se originan en Dios. Están escritos en tablas eternas en el cielo. De tiempo en tiempo Dios ha hecho descender *(tanzil)* copias exactas de estas Escrituras divinas y celestiales. Estas Escrituras reveladas consisten en cuatro Libros. Tienen mucho en común y todos tienen el mismo propósito: reformar la humanidad. Se confirman mutuamente. A los musulmanes se les exige aceptarlos y creerlos completamente. Existe también un quinto Libro de Dios que, como se desprende de la lista siguiente, no está disponible, pues se ha perdido.

Los libros son:

- Los *Suhuf* (rollos). Estas son diez Escrituras Sagradas reveladas al Profeta Ibrahim (Abraham) (P y B), pero desafortunadamente han desaparecido y no se sabe nada de ellos en la literatura universal.
- La *Taurat* (*Tora*). Este fue un Libro Santo revelado al Profeta Musa (Moisés) (P y B).
- El *Zabur* (Salmos). Este Libro Santo fue revelado al Profeta Daúd (David) (P y B).
- El *Inyil* (Evangelio). Este fue un Libro Santo revelado al Profeta Isa (Jesús) (P y B).
- El *Qur'an* (Corán). Este es el Libro Santo (mensaje final) para la humanidad que fue revelado al Profeta Muhammad (P y B).

El Corán y las Escrituras previas

Como musulmanes, nuestra humilde sumisión a los Libros revelados antes del Corán, es muy simple. Dios enviaba un mensaje fresco (revelación) cuando la fe de la gente flaqueaba. El mensaje exhortaba a la gente a arrepentirse y renovar su pacto (sumisión) a la voluntad de Alá. Reconocemos además que Dios reveló estos Libros a Sus profetas para dar dirección a la humanidad. El Corán, como otros Libros Divinos anteriores, no es una revelación nueva y extraña. ¡Todo lo contrario! El Corán es solo la revelación final que confirma las Escrituras anteriores, aclara las dudas y perfecciona la verdad. El Corán testifica que lo han precedido revelaciones previas. Dice:

> Él te ha revelado la Escritura con la Verdad, en confirmación de los mensajes anteriores. Él te ha revelado la *Tora* y el Evangelio antes, como dirección para los hombres… (3:3-4)

El Corán habla con mucho respeto de todos los profetas y mensajeros antes de Muhammad. A los cristianos y judíos se les llama *Ahl al-Kitab*, Gente del Libro. El Corán los amonesta:

> Di: «¡Gente de la Escritura! No hacéis nada de fundamento mientras no observéis la *Tora*, el Evangelio y la Revelación que habéis recibido de vuestro Señor». (5:68)

El Corán anima a los musulmanes a vivir amistosamente con la Gente del Libro y hasta casarse con sus mujeres. El Santo Corán enseña:

> Se os permite el alimento de quienes han recibido la Escritura, así como también se les permite a ellos vuestro alimento. Y las mujeres creyentes honestas y las honestas del pueblo que, antes de vosotros, había recibido la Escritura... (5:5)

Las Escrituras Divinas (Libros) previas, habiendo sido reveladas por Alá, enseñaban a la gente la rectitud, el amor y la forma de vida que más agrada a Alá. Sin embargo, algunos de sus mandamientos y enseñanzas parecieran haber estado confinadas a una tribu, comunidad o nación en particular y a un tiempo específico.

Adicionalmente, los musulmanes son conscientes de que imperfecciones humanas parecen estar incluidas en la Biblia. Por ejemplo, las personalidades de los Profetas bíblicos forman parte del contenido de las Escrituras bíblicas, y éstas incluyen historia además de la Palabra de Dios. La Biblia parece ser una mezcla de historia y revelación. Por eso resulta extremadamente difícil hacer una separación entre revelación verdadera y la personalidad humana e historia que la Biblia también contiene.

Por lo tanto, el Corán, como la revelación final, es la perfección y culminación de toda la verdad contenida en las anteriores Escrituras (revelaciones). Aunque fue enviado en árabe, es el Libro para todos los tiempos y toda la humanidad. El propósito del Corán es guardar las anteriores revelaciones, restaurando la verdad eterna de Alá. El Corán es la antorcha que puede guiar a la humanidad al camino recto.

La naturaleza del Santo Corán

El Corán es un Libro único de dirección divina. El Corán es la misma Palabra de Alá. Fue revelado al Profeta Muhammad (P y B) por medio del arcángel *Yibril* (Gabriel) del original conservado en el séptimo cielo. «¡Sí, es un Corán glorioso, en una Tabla bien guardada!» (85:21-22). El Profeta Muhammad (P y B) fue el instrumento escogido por Alá para la revelación de Su Palabra. Cada letra, palabra, forma de contenido y significado del Corán es revelado divinamente. Lo que es realmente sorprendente es que el Corán fuera revelado a Muhammad que era iletrado.

Las revelaciones empezaron de esta manera: el Profeta Muhammad (P y B) solía retirarse a una cueva en el monte Hira, unos pocos kilómetros fuera de La Meca, para meditación espiritual. Una noche, estando en el monte, fue despertado repentinamente por el ángel Yibril. ¡El ángel le ordenó recitar *(iqra)*! El Profeta, lleno de miedo, dijo al ángel que no sabía leer. El ángel repitió la orden y recibió la misma respuesta. Finalmente el ángel presionó al tembloroso Muhammad (P y B) y le enseñó a leer lo siguiente:

> ¡Recita en el nombre de tu Señor,
> que ha creado, ha creado al hombre de sangre coagulada!
> ¡Recita! Tu Señor es el Munífico,
> Que ha enseñado el uso del cálamo,
> ha enseñado al hombre lo que no sabía. (96:1-5)

Con las palabras arriba mencionadas la revelación del Santo Corán había comenzado. El Divino Mensajero venido de Dios dio al Profeta el poder para retener y recibir el Libro de Alá. Esto fue alrededor del año 610 d.C.; el Profeta tenía alrededor de cuarenta años. El Corán fue revelado porción a porción durante un período de veintitrés años que terminó poco antes de la muerte del Profeta en el 632. La última aleya enviada por Alá decía: «Hoy os he perfeccionado vuestra religión, he completado Mi gracia en vosotros y me satisface que sea el islam vuestra religión» (5:3). Entre la primera y última aleya mencionadas, el Libro más grande de la historia fue revelado a la humanidad.

El Corán es el libro más leído que jamás se escribió. Los musulmanes lo usan en adoración, y es el libro de texto del que todo musulmán aprende a leer árabe. Es la realidad central de la vida islámica. El Corán (nombre derivado de la palabra «recitar») es diferente a cualquier otro libro. Se divide en 114 capítulos (suras), ochenta y seis revelados al Profeta mientras estaba en La Meca y veintiocho en Medina. Los capítulos se dividen en *ayat* (aleyas), todas de diferentes tamaños. Las tres suras más cortas (103, 108, 110) tienen tres aleyas cada una, mientras que la más extensa, *al-Baqqara* (2), se divide en 286 aleyas. Cada detalle acerca del Corán ha sido estudiado y registrado cuidadosamente. Por ejemplo, se sabe que el Corán contiene 6.239 aleyas, 77.394 palabras y 323.621 letras. También se ha descubierto recientemente que el Corán es un milagro matemático, todo basado en múltiplos de diecinueve[14] («Hay diecinueve que lo guardan», Corán 74:30).

A una persona que no conoce el Corán le llamaría la atención una aparente incoherencia desde el punto de vista humano. A diferencia de todos los demás libros, el Corán no contiene información, ideas o argumentos acerca de temas específicos arreglados en orden literario o de serie. Los temas no son tratados bajo tópicos específicos; están diseminados por todo el libro. Sin embargo, no había ninguna incoherencia para aquellos que primero recibieron la revelación, porque fue relevante para su situación particular.

No hay ningún tema que el Corán no aborde. Teología, jurisprudencia, ciencia e historia son algunos de los principales temas con los que trata el Corán. Es por esto que el Corán ha sido durante muchos siglos el manual científico y el libro de texto para adquirir educación liberal en el mundo musulmán. Aunque el Corán no describe en detalle todos los aspectos del conocimiento, es sin lugar a dudas la fuente y el fundamento de toda verdadera sabiduría y conocimiento. Es la Palabra de Alá.

Aunque el Corán no está ordenado cronológicamente, dicho orden fue establecido por la voluntad de Alá. Esto resalta aún más la singularidad del Corán. Los que no están familiarizados con el Corán se beneficiarían más si se dieran cuenta que el Corán, al ser un Libro Divino, no se debe comparar con ninguna otra forma de escritura humana. Es un libro único, cuyo estilo literario es muy diferente de todas las demás formas conocidas de literatura. El tópico que trata es la humanidad. Su tema central es la exposición de la realidad. El propósito de las revelaciones es invitar a los seres humanos a seguir el camino recto de la guía verdadera, que han perdido con el paso del tiempo, por negligencia y por otras formas del mal. Cualquiera que estudie el Corán teniendo en mente los tres aspectos arriba mencionados (tópico, tema central y propósito), descubre que no existe ninguna incoherencia u otra deficiencia en el estilo literario de estas Divinas Escrituras.

Además, el Corán es la más excelente poesía y prosa árabe jamás escrita o recitada. Cuando los incrédulos preguntaron al Profeta Muhammad (P y B) por pruebas de que el Corán es la palabra de Alá, él les desafió a producir siquiera una aleya o frase en árabe de igual calidad. Nadie estuvo a la altura del desafío. El Corán dice:

---

14. Ahmed Deedat, *Al-Qur'an: the Ultimate Miracle* [El Corán: el máximo milagro] (Durban: 4001, Islamic Propagation Centre, Madressa Arcade, 1979) pp. 1-75.

Si dudáis de lo que hemos revelado a Nuestro siervo, traed una sura semejante y, si es verdad lo que decís, llamad a vuestros testigos en lugar de llamar a Dios. (2:23)

La excelencia inigualada del árabe coránico es una de las pruebas de su origen divino (12:2).

La compilación del Corán

Cada vez que el Profeta recibía una revelación, la memorizaba delante del ángel Yibril. Después de comprobar su recitación correcta, Yibril le decía en qué orden debía colocarla. Entonces el Profeta hacía que sus escribas (ya que él no sabía leer ni escribir) la registraran bajo su supervisión. Cada registro era recitado para que él lo verificara. Así que el propio Profeta dirigió el registro y la disposición del Corán siguiendo las órdenes de Alá. En poco tiempo el Corán fue memorizado por los compañeros del Profeta para ayudar en la adoración y en otros intereses. Los árabes, con su apetito por lo literario, encontraron en el Corán una magnífica obra maestra de literatura. Para cuando el Profeta murió, el Corán ya se había grabado en las memorias de las personas y sobre diferentes tipos de materiales como tablas de barro, huesos, corteza de los árboles, trozos de cerámica y piedra.

En el 632 d.C., tras la muerte del Profeta Muhammad (P y B), Abu Bakr se convirtió en el primer Califa (sucesor del Profeta). Omar persuadió a Abu Bakr a compilar el Corán en un solo volumen, ya que muchos de los que habían memorizado el Corán *(Hafiz)* iban desapareciendo de la escena por las guerras y muerte natural. Abu Bakr pidió a Said Ibn Thabit, escriba principal de Muhammad, coleccionar y compilar todo el Corán en el mismo orden autorizado por el Profeta. Esto lo hizo bajo supervisión minuciosa y la ayuda de los compañeros del Profeta, quienes habían memorizado el Corán completo. La versión final fue revisada y aprobada por todos los musulmanes, que habían escuchado el Corán de boca del Profeta. El Corán todavía estaba fresco en sus memorias cuando fue grabado en forma de libro apenas dos años después de la muerte del Profeta Muhammad (P y B).

Durante el califato del tercer Califa, Uthman (Otmán), se supo que el Corán estaba siendo pronunciado con diferentes acentos, especialmente por los no árabes convertidos al islam. La reacción de Utman fue instantánea. Mandó juntar todas las copias del Corán que estaban en circulación y designó un comité de cuatro ex escribas, incluyendo a Said Ibn Tabit, para que estudiaran el Corán más a fondo. Este comité autorizó una copia estándar que seguía el dialecto de los quraishíes, que el Profeta mismo había utilizado. El Corán que se usa hoy día es el mismísimo que recibió el Profeta y que autorizaron el Califa Uthman y los compañeros *(sahaba)* del Profeta en el año 651 d.C. Ninguna palabra, orden o signo de puntuación ha sido cambiada, omitida o añadida. Hasta Dios testifica de la pureza del Corán cuando dice: «Somos Nosotros Quienes hemos revelado la Amonestación y somos Nosotros sus custodios». (15:9)

Hadiz

El islam puede ser entendido mediante dos fuentes principales: 1) el Santo Corán y 2) la colección de las palabras, acciones y sanciones registradas del Profeta Muhammad (P y B). Estas acciones *(sunna)* y dichos *(hadices)* del Profeta son conocidos como el *Hadiz*.

La *sunna* (hechos) y los *hadices* (dichos) muestran la forma de vivir del Profeta Muhammad (P y B). *Sunna* significa las prácticas y la manera de vivir del Profeta, y *hadiz* significa uno de los informes de lo que el Profeta dijo o enseñó. La colección de escritos conocida como el *Hadiz* incluye ambos, *sunna* y *hadices*. Un reporte o tradición oral transmitido de boca en boca acerca de lo que el Profeta dijo, hizo o cómo reaccionó ante otros *(sunna o hadiz)* es llamado un *hadiz*, y a la colección escrita se la llama el *Hadiz*. Cuando un compañero del Profeta lo veía hacer algo, por ejemplo orar, informaba a sus amigos, quienes informaban a otros, y así el informe continuaba. Muchos compañeros intentaron escribir *hadices* para custodiarlos ellos mismos, pero fueron impedidos por el Profeta no sea que los confundieran con el Corán.

Más tarde la ciencia del *hadiz* fue desarrollada, y se empezaron a compilar colecciones de *hadices*. En este caso, cada informe tenía que ser prologado por una cadena de narradores *(isnad)*, conocidos por su madurez, piedad, inteligencia y credibilidad. El texto *(matn)* que los narradores transmitían también debía ser inteligible y creíble. El proceso de recopilar los *hadices* fue prácticamente completado durante el segundo siglo de la era musulmana. Como resultado de este ejercicio, tenemos ahora libros bien documentados con toda la información necesaria acerca del Profeta Muhammad (P y B).

El *Hadiz* no es un Libro Santo (revelación) como el Corán y las Escrituras previas. Sin embargo, para los musulmanes la importancia del *Hadiz* queda superada apenas por el Santo Corán. El *Hadiz* es complementario al Corán. Ayuda a explicar y clarificar el Santo Corán y a presentarlo de una manera más práctica. El mismo Corán testifica:

«Quien obedece al Enviado, obedece a Dios» (4:80; también 33:21; 7:157; 14:44). Como musulmanes nuestro conocimiento del islam no sería completo ni sólido si no estudiásemos y siguiéramos el *Hadiz*. De forma similar, alguien de afuera no puede entender el islam si ignora el *Hadiz*.

Resumen

Los musulmanes creen que Dios reveló Su Palabra a varios de Sus profetas y mensajeros para guiar a la humanidad. Toda revelación, que ha guiado a la humanidad, necesita ser renovada cuando la fe de un pueblo está en declive. Estas revelaciones han llegado hasta nosotros en la forma de Libros Santos. Todos los Libros anteriores revelados por Dios deben ser aceptados como verdad. Sin embargo, el Corán es la revelación final, que confirma las Escrituras anteriores y perfecciona la verdad. El *Hadiz*, aunque no es una Escritura Santa, complementa el Santo Corán.

Una respuesta cristiana

Cristianos y musulmanes son gente de las Escrituras. Ambos tienen muy alta estima por la Palabra de Dios. Los musulmanes respetan la Biblia en su forma original con mención especial de la *Taurat* (la *Tora*) del Profeta Moisés, el *Zabur* (Salmos) del Profeta David y el *Inyil* (Evangelio) de Jesús el Mesías. Todas estas tres Escrituras están contenidas en la Biblia. El valor que los musulmanes le dan a estas Escrituras se demuestra en la advertencia que el Corán hace a cristianos y judíos de no esconder sus Escrituras, sino hacerlas disponibles a la humanidad (3:71). Los cristianos están agradecidos a los musulmanes por el respeto que tienen hacia la Biblia.

Sin embargo, musulmanes y cristianos deberían reflexionar cuidadosamente juntos sobre la naturaleza y el significado de la revelación. ¿No tiene toda revelación divina una cualidad encarnacional? ¿No se expresa siempre la Palabra revelada de Dios a la humanidad por medio de la personalidad humana, en idioma y formas de pensamiento humanos? Más aún, necesitamos preguntarnos qué criterios determinan cuáles libros son verdaderamente la palabra revelada de Dios.

Los cristianos creen que el hecho central de la revelación divina es la auto-revelación de Dios. Él se revela principalmente por medio de Sus acciones en la historia humana. Las Sagradas Escrituras son, por lo tanto, una revelación de la auto-revelación de Dios, y el registro divinamente inspirado de la respuesta del hombre a la auto-revelación divina. Los cristianos no perciben la revelación como libros divinos enviados desde el cielo, sino como la Palabra personal de Dios involucrada activamente en las vidas de las personas. Esta es la naturaleza de la revelación bíblica.

Los cristianos creen que es extremadamente importante recibir y creer el mensaje de la Biblia completa. Es necesario leer toda la Biblia para poder así recibir el mensaje de Dios a la humanidad. Los cristianos no creen que algunos libros fueron revelados para un pueblo en particular y un tiempo determinado. Jesús, el Mesías, usó los santos escritos de muchos profetas en su predicación y alentó a sus seguidores a «escudriñar las Escrituras». Toda la Escritura inspirada debe permanecer junta. Cada porción de la Biblia es necesaria para comprender la revelación completa de Dios a la humanidad. Más aún, ninguna porción de la Escritura divina contiene toda la verdad que necesitamos saber.

Una aclaración musulmana

Los musulmanes tienen que creer y en efecto creen en todos los Libros originales de Dios que han sido revelados a la humanidad. Los musulmanes también creen que todos los aspectos universales de las revelaciones previas han sido resumidas en el Corán. En el Corán, todos los aspectos universales de la dirección Divina han sido preservados exactamente como fueron revelados al Profeta Muhammad (P y B).

6

Los profetas de Alá

La comprensión musulmana

Los musulmanes generalmente hacen una distinción entre un «Profeta» y un «mensajero» de Alá. El mensajero *(rasul)* es enviado con Escritura Divina para guiar y reformar a la humanidad; se le da un Libro Divino. El Profeta *(al nabbi)* lleva información o proclama las noticias de Alá. A los Profetas no se les da Libros como a los mensajeros. Aunque todos los mensajeros son Profetas, no todos los Profetas son mensajeros. Tanto mensajeros como Profetas son personas escogidas por Dios para entregar Su mensaje, que es dado por medio de revelación Divina *(wahy)*. Este mensaje Divino es para dar dirección a un grupo de gente, a una nación, o a toda la humanidad.

La naturaleza de los Profetas

Alá ha concedido el cargo importante de profeta a algunos de Sus siervos según Su beneplácito. Fueron escogidos para guiar a sus comunidades y a la humanidad en el camino recto de Alá. Todos trajeron esencialmente el mismo mensaje: el islam. Dios les dio mayor conocimiento acerca de Su voluntad, Su religión, el corazón humano, y sobre el bien y el mal. Ellos guiaron a la humanidad, enseñaron cómo vivir felices en este mundo y a estar preparados para la vida después de la muerte.

Todos los Profetas fueron seres humanos. Ellos podían comer, beber, caminar, dormir, hablar, respirar, sufrir y enfrentar todo tipo de problemas como cualquiera de nosotros. Fueron inteligentes, confiables, entendidos y muy obedientes a Dios. Fueron el mejor ejemplo de confianza moral, como lo menciona el Corán: «No es propio de un profeta cometer fraude» (3:161). Alá los protegió de pecados serios y enfermedades terribles.

El hecho que los profetas eran seres humanos hizo que su testimonio fuera recibido con sentimientos encontrados y hasta rechazo total por miembros de sus propias comunidades. El Corán dice: «No ha impedido a los hombres creer cuando les ha llegado la Dirección sino el haber dicho '¿Ha mandado Dios a un mortal como enviado?'» (17:94).

Como musulmanes no debemos cometer el error de condenar a ninguno de los Profetas de Alá como impostores ni elevar a ninguno a una categoría supra-humana. El Profeta Muhammad (P y B), como los anteriores Profetas, enfatizó su naturaleza humana. El Corán testifica: «Muhammad no es sino un enviado, antes del cual han pasado otros enviados» (3:144). En otra aleya Alá dice: «Di: 'Yo soy solo un mortal como vosotros, a quien se ha revelado que vuestro Dios es un Dios Uno'» (18:111). Los musulmanes deben tener fe en todos los Profetas de Alá. Negar que cualquiera de ellos fue profeta constituye incredulidad.

Como observamos anteriormente, Dios envió un gran número de Profetas en varios momentos de la historia para dar dirección correcta a la humanidad. Dichos Profetas surgieron en medio de casi todos los pueblos, tal como el Corán testifica: «Mandamos a cada comunidad un enviado: 'Servid a Dios y evitad a los *taguts* [falsos dioses]'» (16:36). El Corán también declara:

> Decid: «Creemos en Dios y en lo que se nos ha revelado, en lo que se reveló a Abraham, Ismael, Isaac, Jacob y las tribus, en lo que Moisés, Jesús y los profetas recibieron de su Señor. No hacemos distinción entre ninguno de ellos y nos sometemos a Él». (2:136)

El número exacto de los Profetas de Alá no está muy claro, pero la tradición musulmana lo ha establecido en 124.000. El Corán menciona solamente veinticinco Profetas, pero los musulmanes deben creer también en los que no se mencionan. Alá dice: «Te hemos contado previamente de algunos enviados, de otros no» (4:164).

Los siguientes son los nombres de los Profetas mencionados en el Santo Corán: Adán, Saleh, Lut (Lot), Hud, Yacub (Jacob), Ibrahim (Abraham), Yunus (Jonás), Musa (Moisés), Daud (David), Al-Yasa

(Eliseo), Zakara (Zacarías), Dhul-Kfil (Ezequiel), Isa (Jesús), Nuhu (Noé), Shuaib, Ismail (Ismael), Yusuf (José), Ishaq (Isaac), Harun (Aarón), Sulaiman (Salomón), Yahya (Juan el Bautista), Ayyub (Job), Ilyas (Elías), Idris, Muhammad (la paz sea sobre todos ellos).

Muhammad (P y B) es el último de los Profetas y mensajero de Alá. Su misión fue para todo el mundo y para todos los tiempos.

El papel de los Profetas en la historia

Adán, el primer hombre sobre la tierra, fue también el primer Profeta de Alá. Dios reveló la religión del islam a Adán, que significa sumisión al único Dios verdadero, el Creador y Sustentador del mundo, Señor del universo y Amo del día del juicio. Dios dejó bien claro a Adán que el hombre debe adorar y obedecer únicamente a Alá, el más Excelso. Este es el pacto de sumisión que Dios dio a Adán: Dios el Amo y la humanidad el siervo *(abd)*.

Algunos de los descendientes de Adán, que fueron justos, siguieron la enseñanza de Alá; pero otros se desviaron hacia actividades malignas. Comprometieron el camino verdadero al asociar otros dioses y objetos a Alá. Para proveer a la humanidad con dirección firme y constructiva, Dios levantó Profetas de entre todos los pueblos. El mensaje fundamental proclamado por todos los Profetas fue el mismo. Enseñaron o recordaron al pueblo la unicidad de Dios; la recompensa de llevar una vida piadosa, buena y pacífica; el día del juicio; y el castigo terrible para los incrédulos. Todos los Profetas trajeron este mismo mensaje (islam) de Alá. Establecieron buenos ejemplos con sus propias vidas. Tuvieron que demostrar en la práctica la fe que seguían.

Los Profetas intentaron establecer un código moral sancionado por Dios, de justicia social y cooperación entre sus coterráneos, o sea todo un estilo de vida. En el proceso de establecer el dominio de Dios en la tierra, algunos Profetas tuvieron éxito y otros no. Muchas personas fueron intolerantes con los Profetas de Dios. Maltrataron a muchos de ellos castigándolos, torturándolos y negándose a escucharlos o a aceptar sus enseñanzas. A pesar de la oposición, los Profetas nunca se rindieron ni comprometieron la verdad de Alá; su misión no fue un fracaso total.

Algunos Profetas son especialmente dignos de mencionar. Por ejemplo, el logro más grande del Profeta Ibrahim (Abraham) fue la proclamación de la unicidad de Alá. Esta es una creencia que se ha mantenido por varios miles de años. El islam reconoce al Profeta Musa

(Moisés) como aquel con quien Alá habló: «Con Moisés Dios habló de hecho» (4:164). A Moisés se le da el título de *Kalim-ulá*, que significa: «al que Dios habló». Sin embargo, a pesar de lo importante que fue el mensaje de Moisés, su pueblo creyó que solo era para ellos. También añadieron demasiados rituales a la ley original de Moisés. Como todos los Profetas que le antecedieron, Isa (Jesús) hijo de María predicó la unicidad de Alá. Los cristianos recibieron el mensaje universal de Dios, pero lo han comprometido al enfatizar la «trinidad» en lugar de la «unicidad» de Alá.

Finalmente Dios ha enviado Su dirección final a toda la humanidad por medio del Profeta Muhammad (P y B). La verdad que todos los Profetas anteriores habían proclamado a la humanidad fue perfeccionada por el Profeta Muhammad (P y B). El Corán, que es la dirección final de Alá a la humanidad, fue revelado al Profeta Muhammad (P y B), el Sello de los Profetas, seiscientos años después del Profeta Isa (P y B). Muhammad (P y B) es el único Profeta que logró cumplir la misión de Alá durante el trascurso de su vida. El último mensaje de Alá a Muhammad decía: «Hoy os he perfeccionado vuestra religión, he completado Mi gracia en vosotros y Me satisface que sea el islam vuestra religión» (5:3). Así que, Muhammad (P y B) fue el último de los mensajeros de Alá por medio del cual la religión original de los humanos —el islam— fue completada y perfeccionada, y una comunidad de musulmanes fue establecida.

Resumen

Los musulmanes creen en y respetan a todos los Profetas de Dios que precedieron a Muhammad (P y B). Todos ellos trajeron un mensaje uniforme de Alá: el islam. Muhammad es el último y el sello de los Profetas, a través de él el islam fue completado y perfeccionado. Dado que él trajo la última dirección para toda la humanidad, es a él solamente que los musulmanes se vuelven para buscar dirección.

Una respuesta cristiana

Tanto musulmanes como cristianos creen en los Profetas. Los escritos y enseñanzas de al menos treinta Profetas y apóstoles están incluidos en la Biblia. Los nombres de muchos de los Profetas bíblicos se mencionan en el Corán. Moisés es uno de los más grandes Profetas de la Biblia.

Sería bueno que cristianos y musulmanes reflexionaran juntos sobre el significado del encuentro de Dios con Moisés en la zarza ardiente, un evento que tanto la Biblia como el Corán describen. En dicho acontecimiento reconocemos que Dios habló con Moisés. En base a este encuentro el registro bíblico revela un nuevo nombre para Dios: YO SOY, que es *Yahvé* en el idioma hebreo. Empezando con el Profeta Moisés, Dios progresivamente se reveló como Yahvé, el Dios de la relación de pacto, el que personalmente sale al encuentro de los humanos. Para entender la totalidad de la auto-revelación de Dios como Yahvé en el testimonio bíblico profético, es necesario que abramos nuestras vidas a la totalidad del testimonio profético.

El mensaje de los Profetas es como un edificio grande y hermoso. Los primeros Profetas, como Abraham y Moisés, pusieron el fundamento para este edificio. Profetas posteriores como David e Isaías pusieron las paredes de este edificio. El Profeta Jesús, el Mesías, es como el techo del edificio. Todos los Profetas bíblicos juntos forman este hermoso edificio. Los cristianos dan testimonio humilde y encarecidamente que todos debemos leer y aceptar el mensaje de todos los Profetas verdaderos de Dios. Cada parte del edificio es importante. Todos son necesarios para comprender la revelación total de Dios a la humanidad.

Una aclaración musulmana

Desde la perspectiva musulmana, es aconsejable no llevar demasiado lejos el evento del Profeta Moisés (P y B) y la zarza ardiente. Aunque Dios habló al Profeta Moisés (P y B) desde la zarza ardiente, algunos eruditos musulmanes creen que fue el Ángel Yibril el que estuvo presente en la zarza. Al mismo tiempo, los musulmanes afirmarían que de los nombres revelados para el Todopoderoso el más profundo es Alá. Los musulmanes testificarían que no podemos referirnos de forma mejor a Dios que mediante el hermosísimo nombre que Él mismo reveló al último Profeta, Muhammad (P y B).

7

El sello de los profetas

El testimonio musulmán sobre el Profeta Muhammad (P y B)
Muhammad[15] nació en la ciudad comercial de Makkah (La Meca),
Arabia, el 12 de Rabi Awwal (o sea lunes, 20 de agosto) del 570 d.C.
Su madre fue Amina bint Wahab, proveniente de Madinah (Medina).
Su padre, Abdulá, fue uno de los muchos hijos de Abdul-Muttalib, jefe
de la familia noble de Banu Hashim, rama de la tribu de los qurais-
híes. Abdul-Muttalib era también el jefe guardián del santuario de la
Kaaba, que es la Casa de Dios en La Meca, en la que se encuentra la
sagrada piedra negra.

Como niño, Muhammad (P y B) fue desafortunado. Su padre había fallecido unos meses antes de su nacimiento. A la edad de seis años
perdió a su madre. Luego su abuelo, Abdul-Muttalib, se encargó de
él; pero también falleció dos años después. Así que, a la edad de ocho
años, Muhammad (P y B) quedó huérfano. Sin embargo, familiares
con interés en adoptarlo no faltaron. Muy pronto fue acogido por su
tío, Abu Talib, hijo de Abdul-Muttalib. El tío amaba a su sobrino y le
cuidó muy bien.

Muhammad (P y B) pasó los primeros años de su juventud con
su tío. Ayudó a su tío en su trabajo con entusiasmo. Muhammad (P y
B) amaba y apreciaba el trabajo. Podía hacer cualquier tipo de trabajo
sin sentir disgusto. Remendaba su ropa y sus zapatos. Cuidaba ovejas,
cabras y camellos, y acompañaba a su tío en las caravanas. Viajó en dos
ocasiones a Siria, tenía apenas doce años cuando fue por primera vez.
Muhammad (P y B) no tuvo estudios formales. No sabía leer ni escribir.
Sin embargo, como joven era respetado y admirado por los habitantes

---

15. Muhammad traducido al español significa: «el alabado».

de La Meca por su rectitud, honestidad, y buen comportamiento. Por esto se le dio el título de *al-Amin* (el fidedigno).

La sociedad en la que nació Muhammad (P y B)

La sociedad en la que Muhammad (P y B) vivió antes de cumplir con su misión se llama *yahiliia* —el período de ignorancia y oscuridad—. Los árabes eran politeístas con una noción pobre de un dios excelso: Alá. Adoraban a muchos dioses, pero los más importantes reconocidos por los quraishíes de La Meca eran al-Uzza, al-Manat y al-Lat, que se creía eran hijas de Alá. La Kaaba (la Casa de Alá en La Meca) había sido contaminada con toda clase de males. Ahora era la casa de 360 ídolos representando todos los dioses árabes, y se adoraba a un dios diferente cada día del año.

Borracheras, apuestas, asaltos y disputas sangrientas estaban a la orden del día. Las mujeres realizaban danzas desnudas y escribían poemas describiendo cada parte del cuerpo. No había respeto hacia las mujeres. Se creía que las niñas traían mala suerte y eran enterradas vivas por sus padres al nacer. Lo único que importaba eran las posesiones, pues el valor de uno dependía de cuanto tenía. Esta era la sociedad en la que Muhammad (P y B) creció.

Muhammad (P y B) odiaba esta sociedad corrupta, incluso de niño. Como hombre de alto calibre moral y espiritual, le perturbaban la miseria y los caminos perversos de su pueblo. Empezó a frecuentar una cueva en el monte Hira, a tan solo unos kilómetros de La Meca, para meditar. Al mismo tiempo continuaba trabajando para ganarse la vida.

La boda de Muhammad (P y B)

Abu Talib era un hombre de escasos recursos, por lo tanto empezó a buscar trabajo para su sobrino Muhammad (P y B). La comerciante rica con quien entró en contacto fue Jadiya bint Juwaylid. Ella no dudó en poner al confiable Muhammad (P y B) a cargo de sus caravanas. Jadiya había enviudado en dos ocasiones y tenía dos hijos y una hija. Era extremadamente rica y encontró en su nuevo empleado un hombre honesto, amable, responsable, recto y virtuoso. Muhammad (P y B) tenía todas las cualidades que uno pudiera querer.

Atraída por las excepcionales cualidades de Muhammad (P y B), Jadiya ofreció casarse con él. Él estuvo de acuerdo y se llevó a cabo una boda. Él tenía veinticinco años y Jadiya cuarenta. La pareja disfrutó veinticinco años de matrimonio feliz hasta la muerte de Jadiya. Alá les concedió siete hijos, pero los tres varones murieron en su infancia y solo sobrevivieron las cuatro hijas. Al final, al morir Muhammad (P y B) solo una de sus hijas, Fátima, seguía viva, pero murió apenas seis meses después que el Profeta.

Después de casarse con Jadiya, Muhammad (P y B) tenía más tiempo libre para dedicar a su búsqueda espiritual. El Corán testifica: «¿No te encontró huérfano y te recogió? ¿No te encontró extraviado y te dirigió? ¿No te encontró pobre y te enriqueció?» (93:6-8).

Ministerio profético (risalat) de Muhammad

Como se menciona anteriormente, Muhammad (P y B) solía frecuentar la cueva *(ghar)* de Hira para meditación espiritual. Fue durante una noche del mes de Ramadán que él escuchó una voz poderosa ordenándole recitar en el nombre de Alá, el Creador (96:1-5). Esta noche de revelación se recuerda en la historia musulmana como la Noche de Poder *(Lailatu-l-Qadr)*. Esto sucedió alrededor del año 610 d.C., y el Profeta Muhammad tenía cuarenta años de edad. La primera revelación había descendido sobre Muhammad (P y B) por medio del ángel Yibril (Gabriel). De esta forma Muhammad (P y B) fue designado por Alá como Su último Profeta (33:40).

Muhammad (P y B), sobrecogido de temor, huyó a su casa y contó a su amada Jadiya todo lo que había sucedido. Ella lo consoló y le aseguró que lo que había recibido era revelación verdadera de Alá. Ella fue la primera persona en La Meca en aceptar el islam.

A la primera revelación le siguió, en poco tiempo, una segunda, recibida por Muhammad (P y B) cuando estaba temblando y envuelto por un manto en su casa. La orden fue: «¡Tú, el envuelto en un manto! ¡Levántate y advierte! A tu Señor, ¡ensálzale!» (74:1-3). Muhammad (P y B), mediante la palabra de Alá, había sido escogido para difundir Su mensaje.

Muhammad (P y B) inició su misión discretamente. Predicó la Unicidad de Dios. Enfatizó que Alá es todopoderoso, Creador del universo y el Señor del día del juicio. En el día del juicio, los fieles y justos serán recompensados con el paraíso, mientras que los incrédulos e idólatras terminarán en el infierno —una morada de gran sufrimiento y tortura.

En toda la enseñanza de Muhammad (P y B), él dejó claro que no era un superhombre, o una encarnación de Dios, sino que solo era un ser humano y un mensajero de Alá. El Corán testifica acerca de la naturaleza humana de Muhammad (P y B): «Di: 'Yo no dispongo de nada que pueda aprovecharme o dañarme sino tanto cuanto Dios quiera... no soy sino un monitor, un nuncio de buenas nuevas para gente que cree'» (7:188).

Durante los primeros tres años, Muhammad (P y B) solo había convertido unos pocos habitantes de La Meca. Entre los más importantes estaban Jadiya, su esposa; Alí, su joven primo; Abu Bakr, Uthman y Talha, todos amigos suyos. Muy pronto, Alá ordenó a Muhammad (P y B) que predicara en público. En consecuencia se fue al monte Safa, opuesto a la Kaaba en La Meca, donde declaró firmemente la Unicidad de Alá. Arrojó despreció sobre los ídolos que los mecanos adoraban y posteriormente los invitó a someterse solo al único Dios verdadero: Alá. Alertó a todos los que no se sometieran al juicio de Dios: «Pero ¡no! Desmienten la Hora y hemos preparado fuego de la gehena para quienes desmienten la Hora» (25:11).

Oposición y persecución

La predicación de Muhammad (P y B) molestó a muchos ciudadanos de La Meca. Se dieron cuenta que su predicación pondría freno a su poder e intereses económicos como guardianes de la Kaaba. Lo amenazaron, pero no lograron disuadirlo. Intentaron sobornarlo con riquezas, mujeres, y hasta hacerlo rey para que dejara de predicar, pero fracasaron miserablemente en seducirlo. Persecución abierta era la última alternativa y pronto recurrieron a ella. Algunos de los convertidos al islam, como Bilal o Khabab, fueron chamuscados en las candentes arenas del desierto con piedras ardientes de gran peso en su pecho. Muchos musulmanes fueron golpeados hasta la muerte. Hasta el Profeta no logró escapar de la persecución. Llenaron de espinos su camino y le tiraron basura en su espalda. En Taif, un pueblo al norte de La Meca, el Profeta Muhammad (P y B) fue apedreado hasta sangrar.

A pesar de la persecución, más gente abrazó el islam. Como resultado de la persecución continua y severa, el Profeta aconsejó a once familias que migraran al reino cristiano de Abisinia, en aquel entonces bajo el gobierno del rey Negus. Fueron bien recibidos y protegidos. Al primer grupo de exiliados se le unieron ochenta y tres más, entre los cuales estaba Uthman ibn Afan, que posteriormente sería el tercer califa del islam. Los esfuerzos de los incrédulos quraishíes para que se repatriara a los musulmanes fracasaron totalmente. El rey Negus se negó a entregar a los musulmanes, que creían en un solo Dios y en todos Sus Profetas, incluido Jesús, a los quraishíes paganos.

A pesar de la pérdida de sus seguidores devotos, Muhammad (P y B) continuó predicando y consiguiendo conversos. La revelación también le siguió llegando. Por este tiempo, dos grandes figuras del islam abrazaron la fe: Omar, quien posteriormente fue el segundo califa del islam, y Hamza, el tío del Profeta. Omar, respetado y temido por todos los quraishíes, empezó a realizar sus oraciones a Alá en la Kaaba. Esto sorprendió e irritó a los quraishíes que incrementaron su persecución de los musulmanes y a su líder.

Los quraishíes exigieron a los Banu Hashim (la familia de Muhammad, P y B) que lo entregaran o se atuvieran a las consecuencias. Los Banu Hashim, dirigidos por Abu Talib, tío del Profeta, se negaron. Como consecuencia fueron boicoteados en el valle de Shuab-Abu Talib por tres años. Fue justo después de este duro boicot que Abu Talib murió. Aunque él nunca abrazó el islam, se mantuvo firme hasta el fin defendiendo a su sobrino. Por si eso fuera poco, en este mismo tiempo el Profeta también perdió a su amada esposa Jadiya. Él describió esta experiencia como el año del «dolor».

El Profeta y el *miraj*

Por este tiempo, un grupo de personas de Medina que habían escuchado acerca del islam vinieron al Profeta en La Meca y abrazaron esta religión. Lo invitaron a venir y quedarse con ellos en Medina (entonces llamada *Yatrib)* bajo el juramento de protección de ellos. La invitación fue bien recibida, pero el Profeta no la aceptó inmediatamente.

Mientras tanto, el Santo Profeta fue llevado al cielo en un viaje nocturno *(isra)*. Fue transportado de La Meca a Jerusalén en un animal llamado al-Buraq, luego ascendió *(miraj)* al séptimo cielo.[16] El *miraj* fue un viaje físico y también espiritual. Al Profeta, que había sido grandemente honrado por Alá, se le mostró todo lo que había en el cielo y el universo. Vio la luz y la gloria de Dios, siendo éste el mayor regalo de Dios al hombre.

Fue durante el *miraj* que Alá ordenó las cinco oraciones diarias para los musulmanes. Se le concedió el honor al Profeta de conocer a

---

16.　Debido a que Jerusalén sirvió como estación terrenal en este viaje maravilloso, ha quedado como la tercera ciudad más santa del mundo musulmán.

todos los Profetas anteriores y dirigirlos en oración. Esta experiencia dio al Profeta mucha esperanza y fuerza durante su año de dolor en La Meca.

La migración del Profeta Muhammad (P y B)

Al darse cuenta mediante una experiencia de la dirección divina que los quraishíes estaban decididos a exterminar a los musulmanes, Muhammad (P y B) permitió a doscientos de sus seguidores refugiarse en Yatrib (Medina), donde ya habían sido invitados. Él hizo lo mismo posteriormente, evadiendo la persecución incesante de los quraishíes. Fue acompañado por su fiel compañero, Abu Bakr. Llegaron a Yatrib el 24 de septiembre de 622 d.C. Esta emigración de La Meca a Yatrib es conocida como la Hégira.

La llegada del Profeta a Yatrib trajo gran júbilo a los habitantes. De hecho, el nombre de la ciudad fue cambiado de Yatrib a Medinatu an-nabi, la Ciudad del Profeta. La forma reducida es Medina. Dieciséis años después, el califa Omar designó el año de la Hégira como el punto oficial del inicio de la era musulmana.

La Hégira es un evento muy importante. El Corán enseña:

> Y cuando los infieles intrigaban contra ti para capturarte, matarte o expulsarte. Intrigaban ellos e intrigaba Dios, pero Dios es el mejor de los que intrigan (8:30).

Por lo tanto, la Hégira marcó el inicio de una nueva era.

A los musulmanes que emigraron de La Meca se los llamó *muhayirun* (emigrantes o seguidores), y los que los recibieron en Medina fueron llamados *ansar* (ayudadores). Los *muhayirun* y los *ansar* ahora estaban unidos bajo la fe del islam y el liderazgo del Profeta. Así fue como se formó la primera comunidad musulmana *(umma)*. (Esto será tratado en un capítulo posterior). En Medina el Profeta fue el líder no solo de la comunidad musulmana, sino también de los no musulmanes. Ahora él era un Profeta y un estadista, y continuó recibiendo revelaciones, especialmente concernientes a asuntos de legislación y administración. Por ejemplo, Ramadán fue instituido como el mes de ayuno y la *qibla* (dirección de la oración) se cambió de Jerusalén a La Meca.

La nueva comunidad enfrentó muchos problemas causados por los enemigos del islam. Había enemigos que vivían entre los musulmanes e incluso en las afueras de Medina. Mucha gente de manera traicionera conspiró junto con los quraishíes para destruir a los musulmanes. Dada la situación tan precaria, la comunidad musulmana se mantuvo en guardia y tomó medidas fuertes para tratar con sus enemigos.

Los quraishíes de La Meca, ardiendo aún en deseos de exterminar a los musulmanes, enviaron su ejército de mil hombres para luchar contra los musulmanes. Esto sucedió en el 624 d.C. (año 2 después de la Hégira [=d.H.]). Los musulmanes solo pudieron reunir a trescientos hombres. Los dos ejércitos se enfrentaron en Badr y, por voluntad de Alá, los musulmanes, bajo el liderazgo inspirado del Profeta, rápidamente dieron cuenta del ejército de La Meca. Esto fue una victoria moral y espiritual para los musulmanes.

Un año después, los quraishíes atacaron de nuevo a los musulmanes en la famosa batalla de Uhud. En esta ocasión los infieles ganaron la batalla, pero sufrieron tantas bajas que no lograron completar su victoria. Al final los musulmanes los rechazaron. En 627 una vez más los quraishíes atacaron Medina y la sitiaron. Alá estuvo con los musulmanes pues los de Quraish posteriormente se retiraron.

En 628 d.C. el Profeta dirigió a mil cuatrocientos musulmanes a su ciudad madre (La Meca) para adorar. Hizo el tratado de Hudaybiyyah con los quraishíes mecanos. Por medio de éste, musulmanes y mecanos deberían ser tratados por igual. Más aún, los mecanos acordaron salir de la ciudad de La Meca por tres días mientras los musulmanes entraban para adorar. Había muchos otros artículos intricados en el tratado. Dicho documento fue muy indulgente con los no creyentes quraishíes.

Sin embargo, los quraishíes rompieron su parte del tratado y el Profeta se desplazó a La Meca con las fuerzas musulmanas. Rápidamente y sin resistencia tomó la ciudad en enero de 630 d.C. (8 d.H.). Cuando entraba en la ciudad pronunció la aleya coránica que sigue: «¡Ha venido la verdad y se ha disipado lo falso!» (17:81). Después destruyo los trescientos sesenta ídolos que rodeaban la Kaaba. A sus enemigos, que estaban preocupados por su destino, les dijo: «Ninguna culpa os es imputada en este día. Id a vuestras casas, porque todos vosotros estáis libres».[17] Esta fue una buena lección para los musulmanes sobre cómo tratar a sus enemigos derrotados.

El 23 de febrero de 632 (10 d.H.) el Profeta, acompañado de catorce mil musulmanes, realizó su último peregrinaje a La Meca. En

---

17. Ibn Sa'd, *Kitab al-Tabaqat*, Serie II, Vol. 2 (Leiden, 1330 d.H.), pp. 54-55.

su último discurso en Arafat, habló sobre quince aspectos sociales que afectan las relaciones humanas de todos. Hizo énfasis en la Unicidad y unidad de Dios, la importancia del mensaje de Alá, el día del juicio, la santidad de la vida, el respeto hacia los Profetas, las mujeres, los esclavos y la importancia de la hermandad musulmana. Le dijo a la *umma* que les había legado dos cosas: el Libro de Dios y la *sunna* (práctica) de Su mensajero. Fue aproximadamente en este tiempo cuando recibió la última revelación, que ya hemos mencionado (5:3).

Exactamente tres meses después de este último peregrinaje el Profeta cayó enfermo. Al mediodía del lunes, 8 de junio de 632 (12 de Rabil Awal del año 11 d.H.) mientras oraba, el último Profeta y mensajero de Alá murió. Su muerte fue un duro golpe para todos los musulmanes.

El comentario de Abu Bakr sobre la muerte del Profeta fue bien presentado y muy efectivo. Él dijo a la desconsolada comunidad musulmana: «Si adorabais a Muhammad, él está muerto; pero si adoráis a Dios, Él vive y nunca morirá».[18]

Muhammad (P y B), el sello de los profetas

Como se mencionó anteriormente, tanto el Corán como Muhammad (P y B) mismo, dejaron bien claro que él es un ser humano. No es Dios, ni Su hijo, sino solo el último Profeta de Dios enviado para dar dirección a toda la humanidad. El Corán dice:

> Di: «¡Hombres! Yo soy el Enviado de Dios a todos vosotros, de Aquél a Quien pertenece el dominio de los cielos y de la tierra. [...]
> ¡Creed, pues, en Dios y en su Enviado, el Profeta de los gentiles, que cree en Dios y en Sus palabras! ¡Y seguidle! Quizás, así, seáis bien dirigidos». (7:158)

También aprendemos del Corán que el Profeta Muhammad (P y B) fue enviado como misericordia a todas las criaturas de Dios, humanas y no-humanas: «Nosotros no te hemos enviado sino como misericordia para todo el mundo» (21:107).

El mensaje de Muhammad (P y B) fue una culminación y un perfeccionamiento lógicos de todas las revelaciones anteriores. Dios, me-

---

18.   Hadiz registrado por Ibn Ishaq-Ibn Hisham, Serat Rasul Alá (traducción de A. Guillaume), p. 683.

diante el Corán y el Profeta, ha enfatizado la finalidad de la obra profética de Muhammad (P y B). El Corán dice: «Mahoma no es el padre de ninguno de vuestros varones, sino el Enviado de Dios y el sello de los profetas» (33:40). Alá nos ha enseñado que Muhammad (P y B) ha cerrado (sellado) la larga línea de Sus apóstoles.

¿Quién se atreve a contradecir la enseñanza coránica? Como musulmanes creemos en el Corán y todo lo que dice es la verdad absoluta. Ahora que la línea profética ha cesado definitivamente, los tiempos postreros no necesitarán Profetas, sino hombres píos, reformadores, pensadores e iniciadores de avivamientos.

Una respuesta cristiana

La interpretación cristiana del Profeta Muhammad debe ser determinada por la totalidad del testimonio bíblico acerca de Jesús el Mesías. Tanto cristianos como musulmanes están de acuerdo que Jesús es el Mesías. ¿Qué significa que Jesús sea el Mesías? El testimonio bíblico es que el Mesías es el cumplimiento de todas las Escrituras y los Profetas. Los cristianos creen que él es el Salvador de la humanidad. El Mesías mismo dijo: «Yo soy el camino, la verdad y la vida» (Juan 14:6). Por lo tanto, los cristianos creen que el fundamento de toda verdad es Jesús el Mesías. Esto es el testimonio bíblico.

Así que, cuando un cristiano examina al Profeta Muhammad, necesita evaluarlo a la luz de todo el testimonio bíblico que culmina en Jesús el Mesías. En la medida que el Profeta Muhammad acepta la totalidad del testimonio bíblico y el significado central de Jesús el Mesías, y que la vida y enseñanzas de Muhammad dan testimonio de la revelación del amor sufriente y redentor que percibimos en Jesús el Mesías, en esa medida los cristianos deben apreciar y afirmar al Profeta Muhammad.

Una aclaración musulmana

Los musulmanes respetan al Mesías, Jesús, profundamente. Sin embargo, ellos no creen que esto le haga superior a todos los otros Profetas. De hecho, el Corán afirma que Jesús predijo la venida del Sello de los Profetas. El Corán dice que Jesús vino «como nuncio de un Enviado que vendrá después de mí, llamado Ahmad [Muhammad]» (61:6).

8

La *umma*

La comunidad musulmana

La comunidad musulmana se llama la *umma*. La *umma* es diferente de cualquier otra comunidad. No está centrada en ninguna tribu, nacionalidad, raza o agrupación lingüística. La *umma* no toma el nombre de su fundador o de un evento. La *umma* es la comunidad de Alá. Él es la Verdad Absoluta a quien la comunidad musulmana debe su vida y existencia. La vida y las actividades de la umma están todas bajo la dirección legislativa de Alá. De igual manera, la vida tanto pública como privada de cada miembro de la *umma*, está bajo las órdenes legales de Dios. La Ley de Alá debe ser suprema en la *umma*. Lo que Dios ha recomendado como bueno para la comunidad siempre permanecerá bueno, y lo que Él ha prohibido siempre será vedado. La *umma* no puede autorizar la negación, eliminación o abrogación de la Ley suprema de Alá y Su esquema de valores.

La *umma* es divinamente establecida por Dios, tal como el Corán atestigua: «¡Que constituyáis una comunidad que llame al bien, ordenando lo que está bien y prohibiendo lo que está mal! Quienes obren así serán los que prosperen» (3:104). En otra aleya coránica Alá alaba la *umma* con las siguientes palabras: «Sois la mejor comunidad humana que jamás se haya suscitado: ordenáis lo que está bien, prohibís lo que está mal y creéis en Dios» (3:110).

Esto significa que la comunidad musulmana promueve la virtud y aborrece el vicio. La comunidad defiende la justicia y la rectitud. El Corán enseña:

> ¡Creyentes! Sed íntegros en la equidad, cuando depongáis como testigos de Dios, aun en contra vuestra, o de vuestros padres o

parientes más cercanos. Lo mismo si es rico que si es pobre, Dios está más cerca de él. (4:135)

La justicia es una virtud muy apreciada de la *umma*. También aprendemos del *Hadiz* que una *yihad* (esforzarse en el camino de Alá) de las más grandes es la palabra de justicia dicha a un líder injusto. La *umma* se sostiene unida mediante el principio de unión e igualdad. La aplicación de la hermandad musulmana es el ideal social más grande del islam. El Corán dice: «Los creyentes son, en verdad, hermanos» (49:10).

Muhammad (P y B) y la umma

En el capítulo 7 vimos como Muhammad (P y B) emigró de La Meca en 622 d.C. y se estableció en Medina. Aquí fue recibido con entusiasmo por los musulmanes locales y los muchos exiliados que él había enviado con anterioridad de La Meca. La gente de Medina (especialmente los *aws* y *kazraj* que originalmente lo habían invitado) estaban felices que finalmente el Profeta había venido a vivir con ellos. A los emigrantes de La Meca se les llamó *muhayirun* (exiliados), mientras que a los anfitriones en Medina se les llamó los *ansar* (ayudantes). Los *ansar* y *muhayirun* aceptaron gustosamente al Profeta Muhammad (P y B) como su líder.

La primera tarea que el Profeta emprendió en su nuevo hogar, fue la de construir una mezquita en Quba para adorar a Alá, según los principios musulmanes. Esta fue la primera mezquita construida para la *umma*. También fue la primera de la historia. Esto marcó un punto decisivo en la historia de su misión y la umma.

Su segunda tarea en Medina fue proveer para los *muhayirun* de La Meca, que habían venido con muy escasas posesiones. Los *ansar* compartieron todo lo que tenían con los *muhayirun*. A través de esta hermosa expresión de hermandad, las vidas de ambos grupos quedaron fundidas en una sola comunidad.

Ahora que los musulmanes no estaban en peligro inminente de los quraishíes de La Meca, el Profeta tuvo el tiempo necesario para organizar su nueva comunidad de acuerdo a las Ley Divina. Formó una umma fuerte en Medina por la voluntad de Alá. Durante la primera fase del período formativo de la *umma*, el Profeta extendió la autoridad de la *umma* más allá del círculo de los creyentes musulmanes. Esto era lógico ya que había un número de personas en Medina, bajo el Profeta, que no habían aceptado aún el islam. Los exiliados, los ayudantes y los judíos eran los grupos más importantes. A todos estos grupos el Profeta otorgó su estatus, derechos y obligaciones.

El Profeta escribió una carta-constitución que regulaba las relaciones entre los diferentes grupos de Medina. Esta carta es una de las primeras constituciones escritas en el mundo. Una comprensión cabal de ella podría ayudarle a uno a comprender por qué la *umma* pudo resistir exitosamente a los enemigos de los musulmanes. La carta declaraba:

> En el nombre de Alá, el Misericordioso, el Compasivo, esta carta ha sido dada por Muhammad el Apóstol de Alá para todos los creyentes, sean quraishíes o medinenses, y para todos los individuos de cualquier origen que hayan hecho causa común con ellos, quienes juntos constituirán una nación *(umma)*.[19]

La conducta de los individuos y de los diversos grupos en Medina tenía que basarse en este nuevo arreglo y en las revelaciones relevantes subsecuentes. El plan mencionaba que los judíos, que formaban parte de la nación islámica, serían protegidos de todo tipo de insultos y vejaciones. Tendrían igualdad de derechos con los musulmanes y eran libres de practicar su religión como los musulmanes. Hasta a los aliados de los judíos se les daría derechos similares. El interior de Medina fue hecho sagrado para todos los signatarios de esta carta. Pero los judíos y sus aliados tenían el deber, como los musulmanes, de defender la ciudad principal, Medina, de todo enemigo. Quien traicionara a la *umma* de la forma que fuere, debía ser castigado. Todos los musulmanes debían repudiar a cualquier hombre culpable de algún crimen, injusticia, desorden o traición. La carta concluía diciendo que todas las disputas futuras entre los pueblos del plan serían referidas bajo Dios al Profeta Muhammad (P y B).[20]

En Medina, la misión del profeta fue marcadamente diferente a la del período mecano. Muhammad (P y B) ya no era el Profeta perseguido; ahora era el jefe de la umma. Era el principal mediador y juez de la *umma*. Muhammad (P y B) nunca obró usando la autoridad condicional otorgada a la tribu, típico del gobierno árabe durante la

19. A. A. Galwash, *The Religion of Islam* [La religión del islam], Vol. I (El Cairo: Supreme Council for Islamic Affairs, 1966), p. 94.
20. «Al-Medina», *Shorter Encyclopedia of Islam* (Londres: Luzac & Co., 1965), p. 294.

yahiliia. Él gobernó por prerrogativa religiosa absoluta. La fuente de la autoridad no era la opinión pública, sino Alá, que la confirió a Su Sello de los Profetas. La *umma* era una unidad político-religiosa, una teocracia. No había ninguna distinción entre lo puramente religioso y lo puramente político, ni tampoco entre la conducta pública y privada. Cada institución de la sociedad musulmana, política o social, debía conformarse a la *sharía*, la Ley de Dios. Por la misma razón, el ejército musulmán en Medina era el ejército de Alá, y la tesorería musulmana era la tesorería de Alá.

Durante su tiempo en Medina, el Profeta, que también era un jefe de estado, continuó recibiendo más revelaciones. La naturaleza de las revelaciones era bastante diferente de las de La Meca. Mientras que las revelaciones mecanas se centraban principalmente en la fe, las revelaciones recibidas en Medina cubrieron una gama más amplia de temas. Trataban sobre la conducta humana, incluyendo comida y bebida, matrimonio y vida familiar, moral y costumbres, guerra y paz, comercio e intercambio, contratos, *yihad* (esforzarse en el camino de Alá) y crimen y castigo. Al mismo tiempo, el Profeta, mediante una expresión personal, práctica y externa de fe y deber, daba ejemplo de todo lo que había predicado.

Fue en Medina que el Profeta estableció varias instituciones importantes. La oración *(salat)* debía realizarse cinco veces al día, precedida por el *adhan* (llamado a la oración). *Saum* (ayuno) era practicado en el mes sagrado de Ramadán. El viernes sustituyó al sábado judío. La Kaaba en La Meca se convirtió en la *qibla* (dirección de la oración). Estas prácticas le dieron cohesión a la *umma*, que nunca ha dependido de una jerarquía sacerdotal oficial. En Medina el Santo Profeta formó una *umma* que trascendió todas las lealtades étnicas y parroquiales.

Problemas de la primera *umma*

Aunque los musulmanes habían logrado establecer un estado *(umma)*, había enemigos tanto internos como externos. El primer grupo de enemigos fueron los «musulmanes hipócritas» *(munafiqun)*. Habían conseguido meterse en el redil del islam, pero mantenían creencias idólatras disimuladas. Se los toleró, pero cuando su líder, Abdulá Ibn Ubay, murió, el grupo desapareció. En segundo lugar, los judíos pronto demostraron que solo habían aceptado la protección de Muhammad (P y B) por motivos de conveniencia temporal. Deseaban el mal para los musulmanes y traicioneramente tramaron con los quraishíes de La

Meca para destruir la naciente *umma*. Los musulmanes, conscientes de estos elementos discordantes en la *umma* de Medina, vigilaban a sus enemigos y en ocasiones tuvieron que tomar medidas efectivas en su trato con ellos.

En el segundo año de la Hégira, los quraisíes de La Meca enviaron un ejército de mil hombres para aplastar la *umma* de Medina. La *umma*, que tenía el derecho a defenderse, pudo formar apenas un grupo de trescientos maltrechos creyentes. Los ejércitos se encontraron en la batalla de Badr, a unos ciento veinte kilómetros de Medina, y el ejército purificado de Alá derrotó al de los infieles, aunque éste era tres veces mayor que el ejército de Alá. Esta asombrosa victoria dio mucho apoyo moral y espiritual a la *umma*. La justicia, la verdad y el derecho habían prevalecido sobre el mal.

Sin embargo, los humillados infieles de La Meca continuaron empecinados en eliminar a la *umma* de Medina. Dos veces, en 625 y en 627, marcharon contra Medina y en ambas ocasiones fracasaron en su intento de destruir la comunidad musulmana. Sin embargo, a pesar de todos estos obstáculos, la *umma* consiguió tomar toda la Península Arábiga en apenas diez años de fuertes luchas.

La expansión de la *umma*

Para cuando el Profeta Muhammad (P y B) murió en 632, la *umma* ya estaba bien establecida en Arabia. El Profeta había estado consciente de la naturaleza universal de su misión. La *umma* no debía limitarse a los árabes solamente. Todo el mundo tenía que recibir el mensaje del islam. Por lo tanto, hizo arreglos para enviar sus mensajeros a Siria y Egipto. Invitó a los líderes y a sus súbditos a abrazar el islam. Los enviados fueron recibidos con sentimientos encontrados.

Con la extensión del islam, la *umma*, estando fundamentada esencialmente en la ley islámica, rápidamente se vio transformada de una umma árabe a una uma musulmana universal. No es de sorprender que la *umma* se extendiera tan velozmente, tras la muerte del Profeta, mucho más allá de los confines de la Península Arábiga. En el proceso unificó pueblos de culturas, razas y naciones diferentes para formar una gran *umma*. Hoy día la *umma* continúa extendiéndose. El mensaje universal de reforma (islam) es aceptado por cientos de millones de personas de países y culturas alrededor del mundo.

La *umma*, formada hace catorce siglos, ha experimentado solo dos divisiones sectarias importantes. Estas han dado lugar a los sunitas (o suníes), la mayoría, y a los chiítas (o chiíes). El cisma surgió a raíz del problema de liderazgo de la *umma*. Los chiítas creen que el jefe *(imam)* de la *umma* debe ser descendiente del Profeta. Han desarrollado una teología del Imam infalible. Por otro lado, para los sunítas, la autoridad de la comunidad se basa en la *sharía*, derivada ésta de la supremacía del Corán *(sunna)* y el consenso de la *umma* en todos los asuntos. Estas dos divisiones sectarias no le restan valor a la asombrosa unidad de la *umma* musulmana.

Resumen

La *umma* es una comunidad de musulmanes que se someten completamente a la voluntad de Alá y siguen estrictamente las enseñanzas de Su Profeta, Muhammad (P y B). Los fundamentos de la umma fueron puestos por el Profeta Muhammad (P y B) por medio de la voluntad y misericordia de Alá. La *umma* trasciende todas las lealtades tribales, nacionales, lingüísticas y raciales.

Una respuesta cristiana

Los cristianos están impresionados con lo abarcador del concepto musulmán de la *umma*, que incluye un programa total para organizaciones sociales, económicas, culturales, políticas y religiosas. Todos los aspectos de la vida son puestos bajo el gobierno de la *sharía* en la *umma*. Esto es un logro impresionante.

La iglesia cristiana también llama a los pueblos a colocar todos los aspectos de la vida bajo el gobierno de Dios, un gobierno que Jesús el Mesías proclamó como el reino de Dios. Sin embargo, los cristianos no creen que los mecanismos del poder político pueden establecer el reino de Dios. Jesús el Mesías mostró que el reino de Dios nunca puede ser mantenido o establecido políticamente. Cuando sus seguidores le pidieron que se convirtiera en su líder político, rechazó la propuesta. Por medio del Mesías, Dios reveló que es a través del amor redentor y sacrificial que el reino de Dios se hace presente en la historia humana.

El reino de Dios crece silenciosamente. Es la extensión del amor y la gracia de Dios hacia la sociedad humana. Es como la levadura invisible en el pan, como la luz en la oscuridad, o la sal en la comida. El reino de Dios influye en las culturas y la sociedad desde dentro, pero Dios nunca impone Su voluntad en las personas. El reino de Dios está presente cuandoquiera que las personas abren sus vidas a la gracia salvadora de Dios.

La iglesia, a pesar de todas sus imperfecciones, ha sido llamada por Dios para ser una señal entre las naciones de la presencia del reino de Dios, un reino de justicia y paz que trasciende todos los sistemas nacionales y culturales. No puede ser identificado con ningún sistema religioso o político. No tiene ninguna orientación geográfica o cultural. El reino de Dios está presente dondequiera que la gente viva una relación recta y gozosa con Dios y sus congéneres.

Los cristianos debemos confesar que con frecuencia hemos malentendido el reino de Dios. Algunas veces hemos sido culpables de intentar meter a la fuerza el reino de Dios en la historia. A veces hemos intentado equiparar al reino de Dios con un sistema nacional en particular o con una cultura religiosa. Confesamos que esto es una trágica perversión de nuestro llamado como cristianos, y debemos arrepentirnos.

9

Dirección divina y paz

La experiencia musulmana

El deseo musulmán de dirección se resume en la sura inicial del Corán *(al-Fatiha)*, que dice:

> «Alabado sea Dios, Señor del universo, el Compasivo, el Misericordioso, Dueño del día del Juicio. A Ti solo servimos y a Ti solo imploramos ayuda. Dirígenos por la vía recta, la vía de los que Tú has agraciado, no de los que han incurrido en la ira, ni de los extraviados» (1:2-7).

Un musulmán es el que se somete a la Dirección Divina que ha sido revelada por Dios como una misericordia a la humanidad. En la sumisión hay paz.

Islam es paz

El islam es el camino de la paz. La comunidad musulmana, la *umma*, es la comunidad de paz que se ha rendido a la voluntad de Dios. Cualquiera puede experimentar la paz si tiene fe inequívoca en el único y verdadero Dios (Alá) y se ha sometido por completo a Su voluntad y mandamientos. La sumisión que es paz incluye la confesión de fe, creencia en los Libros de Dios, obediencia al Profeta y sumisión a la Ley de Dios. Desarrollaremos brevemente cada uno de estos aspectos de sometimiento.

La Shahada

El verdadero creyente en el islam debe tomar la *kalima* o *shahada* muy en serio —«*La ilaha ila'llah, Mohammadu rasul Allah*»—. La *shahada*, que afirma que no hay otro dios digno de adoración excepto Alá, es el pacto de sumisión que Dios ha dado a la humanidad. Es el mismo pacto de sumisión que todos los profetas de Alá, desde Adán hasta Muhammad, vinieron a renovar.

Pronunciar la *shahada* debe ser una confesión sincera de una comprensión y apreciación profunda del único Dios verdadero; el Creador, Amo y Señor de todo lo que existe en el universo. Solo Él es trascendente y posee todos los atributos divinos. Él está por encima y más allá de Su creación, y asociar a cualquiera en Su adoración es un grave pecado. El Corán testifica:

> «¿Han dado a Dios asociados que hayan creado algo como lo que Él ha creado, al punto de llegar a confundir lo creado?» Di: «Dios es el Creador de todo. Él es Uno, el Invicto». (13:16)

Este Dios único y verdadero es también el todo-Amoroso, el todo-Generoso, el todo-Benevolente, el todo-Misericordioso, el Compasivo y el más Perdonador. La paz está a la puerta de todos los creyentes que se someten a la voluntad de Alá, obedecen sus mandamientos y leyes y no asocian a nadie con Él en su adoración.

El Corán

Como se mencionó anteriormente, Dios ha revelado sus mandamientos al enviar Sus Libros de dirección divina por medio de Sus mensajeros. El Corán, como la última revelación, es el criterio final de la verdad y todos los musulmanes deben someterse a su autoridad divina. El musulmán experimenta paz en sumisión agradecida a la maravillosa voluntad de Dios revelada en el Corán.

La Sunna

Es por medio de los Profetas que la Unicidad de Alá y Sus Libros Divinos son revelados. Por lo tanto, el verdadero siervo de Alá debe creer también en todos los Profetas, incluido el Profeta Muhammad (P y B), el Sello de los Profetas. A nadie se le considera un creyente a menos que obedezca al Profeta que recibió la revelación del Corán. El camino del Profeta *(sunna)* es la senda de la dirección divina. El Corán dice:

> Quienes no creen en Dios ni en Sus enviados y quieren hacer distingos entre Dios y Sus enviados, diciendo: «¡Creemos

en unos, pero en otros no!», queriendo adoptar una postura intermedia, esos son los infieles de verdad. Y para los infieles tenemos preparado un castigo humillante. Pero a quienes crean en Dios y en Sus enviados, sin hacer distingos entre ellos, Él les remunerará. Dios es indulgente, misericordioso. (4:150-152)

Alá demanda que se obedezca totalmente a Muhammad (P y B) y a todos los apóstoles de Alá. Dado que los Profetas vienen con la dirección de Dios, el creyente no tiene alternativa excepto obedecer las instrucciones de estos mensajeros divinamente guiados. El Corán dice, respecto al Sello de los Profetas de quien todos los musulmanes buscan instrucción: «No te hemos enviado [oh Muhammad] sino como nuncio de buenas nuevas y como monitor a todo el género humano. Pero la mayoría de los hombres no saben» (34:28).

El Profeta Muhammad (P y B) ordenó a los musulmanes seguir sus instrucciones en cuanto a todo lo que él recibió como revelación de Alá. La vida de Muhammad (P y B) fue aprobada como modelo para toda la humanidad. Su explicación del Corán fue divinamente sancionada. Los musulmanes no pueden tomar decisiones contrarias a las tomadas por el Profeta. La importancia religiosa del Profeta Muhammad (P y B) se resume así: «En el Enviado de Dios tenéis, ciertamente, un bello modelo para quien cuenta con Dios y con el último Día y que recuerda mucho a Dios» (33:21). Por lo tanto, creencia sincera en el Profeta y obediencia estricta a sus enseñanzas y ejemplo es el camino seguro para que un musulmán alcance la paz.

La Sharía

La *umma* musulmana, que es la comunidad de paz, debe seguir estrictamente la dirección de Dios. Esta dirección o ley está contenida tanto en el Corán como en la *sunna* (prácticas) del Profeta. Este código de Alá es conocido también como la *sharía*, literalmente significa «camino» o «senda». La *sharía* es el propio camino, que si se sigue correctamente, conduce al hombre a la paz. La *sharía* combina la dirección contenida tanto en el Corán como en la *sunna*, y su fundamento mismo es la *shahada*.

La *sharía* (que será tratada en un capítulo posterior) es la ley sagrada musulmana. Es la Ley Divina. Es la ley a la que todo musulmán debe subordinar todos sus asuntos de vida, tanto públicos como privados. Rechazar la *sharía* es rechazar la fe del islam. La *sharía* es el modelo ideal para la vida de un musulmán y es la ley que unifica a todos los musulmanes en una sola *umma*. El cumplimiento estricto de la *sharía* da a los creyentes esperanza de vidas felices en este mundo y en el próximo. La *sharía* es el curso mediante el cual Dios ha escogido guiar a la humanidad. Una adhesión estricta al código de Alá es la forma de experimentar la paz (islam) dado que la *sharía* combina todos los aspectos de la dirección divina.

Ibadat personal

La sumisión que es paz, es antes que nada un esfuerzo individual. Alá, el Misericordioso, el Benevolente, ha dado dirección a los humanos a través de Sus Profetas y Escrituras. Ha hecho todo esto para ayudar a la humanidad a someterse a la única fuente verdadera de dirección, Alá. Cada creyente debe esforzarse por lograr la sumisión, que es la paz.

Creer solamente no es suficiente. La gente debe poner por obra todos los deberes que les exige la fe islámica. Deben hacer el *ibadat* (adoración devocional). *Ibadat* es un concepto amplio, y le hemos dedicado un capítulo posterior. La adoración involucra realizar todos los deberes primarios ordenados por Dios y todas las demás obras buenas. *Ibadat* es la experiencia total de una sumisión completa y sin reservas a la voluntad de Alá.

Los musulmanes creen que la paz solo se alcanza por medio de un compromiso total con el islam. Específicamente, queremos decir que la paz se experimenta a través de un compromiso total con la *shahada*, creencia en el Corán y Muhammad (P y B) el Apóstol de Dios, y sumisión devocional total a la *sharía*.

Quienes rechacen someterse a la voluntad de Alá no pueden experimentar la paz. De hecho experimentan el infierno. Alá ha dicho:

> «Inflijo Mi castigo a quien quiero, pero Mi misericordia es omnímoda». Destinaré a ella a quienes teman a Dios y den el azaque y a quienes crean en Nuestros signos. (7:156)

Resumen

Por medio de Su misericordia y justicia, Alá sabrá a quien salvar del infierno. No hay nadie que pueda ayudar al hombre, excepto su propia fe recta, según lo ordenado por Alá y Su misericordia. Alá proclama, advirtiendo al hombre contra el pecado:

> Di: «Me baso en una prueba clara venida de mi Señor y vosotros lo desmentís. Yo no tengo lo que pedís con tanto apremio. La decisión pertenece solo a Dios: Él cuenta la verdad y Él es el Mejor en fallar». (6:57)

Una respuesta cristiana

El testimonio cristiano, como el musulmán, invita a las personas a una experiencia de la paz de Dios. Los cristianos creen que la paz verdadera es la experiencia de una relación correcta y gozosa con Dios. La Biblia con frecuencia habla de «paz con Dios». Los cristianos creen que la paz verdadera con Dios es la experiencia de la salvación del pecado. Creemos que debido a nuestra pecaminosidad es imposible que cumplamos adecuadamente toda la voluntad y mandamientos de Dios. Creemos que nuestro *ibadat* es imperfecto e inadecuado. Sin embargo, los cristianos también creen que a través de Jesús, el Mesías, Dios ha hecho posible para toda la humanidad recibir salvación y paz.

La Biblia dice: «Porque por gracia sois salvos por medio de la fe; y esto no de vosotros, pues es don de Dios; no por obras para que nadie se gloríe. Porque somos hechura suya, creados en Cristo Jesús para buenas obras, las cuales Dios preparó de antemano para que anduviésemos en ellas» *(Efesios 2:8-10)*. El testimonio cristiano es que recibimos paz y salvación por fe en lo que Dios ha hecho por nosotros a través de Jesús, el Mesías.

10

Adoración

La práctica musulmana

Adoración (singular: *ibadah*; plural: *ibadat*) significa obediencia sumisa a nuestro Amo, Dios. Es, por lo tanto, la práctica religiosa más profunda. Ibadah es la confesión que Alá es el Dueño y Señor, y el hombre es el sirviente o esclavo. Todo lo que el siervo hace en obediencia a Dios es *ibadah*.

El Corán dice:

> Di: «A mí, mi Señor me ha dirigido a una vía recta, una fe verdadera, la religión de Abraham, que fue *hanif* y no asociador». Di: «Mi azalá, mis prácticas de piedad, mi vida y mi muerte pertenecen a Dios, Señor del universo. No tiene asociado. Se me ha ordenado esto y soy el primero en someterse a Él». (6:161-163)

El concepto de *ibadah* en el islam es todo abarcador. El punto central es reconocer de todo corazón que solo Alá, el Creador de todas las cosas, es digno de adoración. Alá ha ordenado algunos aspectos de la religión *(al-din)* que constituyen expresiones particulares de adoración.

Tres dimensiones obligatorias de la adoración islámica son:

- Sometimiento a Alá *(islam)*.
- Creencia o fe *(iman)*.
- Rectitud *(ihsan)*.

La actitud o el espíritu de la adoración correcta incluye oración *(du'a)*, temor de Alá *(jauf)*, esperanza *(raya)*, confianza *(tawakul)*, aspiración *(ragbah)*, remordimiento *(inabah)*, sacrificio *(dabah)*, juramento *(nadr)*, homenaje *(jushu)*, petición de refugio *(istiaanah)*, petición de ayuda *(istigatah)*, súplica *(isticanah)*, asombro *(rabah)*, ansiedad *(jashyah)*.

Todas estas formas de adoración deben ser dirigidas a Dios y solo a Él. Adoración verdadera es asegurar que todas estas prácticas son realizadas directa y exclusivamente para Alá. El Corán enseña: «Quien invoque a otro dios junto con Dios, sin tener prueba de ello, tendrá que dar cuenta solo a su Señor. Los infieles no prosperarán» (23:117). Un adorador debe confesar que Dios es la única realidad. Él es el Señor, el Creador, el más Misericordioso.

La actitud correcta en adoración *(ibadat)*

Primero abordaremos algunas de las actitudes correctas en la adoración. Después hablaremos brevemente sobre los rituales, creencias y prácticas obligatorios.

Temor es una actitud muy apreciada en la adoración musulmana. El Corán dice: «Así es el Demonio: hace tener miedo de sus amigos. Pero, si sois creyentes, no tengáis miedo de ellos, sino de Mí» (3:175). Así que si deseas el bien y no el mal, teme a Dios en todo lo que hagas; entonces estarás haciendo *ibadah* verdadera.

Esperanza y confianza en Dios también son importantes en la adoración verdadera. Una persona que pone toda su confianza y esperanza en Dios, en todo lo que hace, está realizando *ibadah* verdadera. Tal persona es elevada a una gran dignidad espiritual, que es una gran recompensa. Alá dice: «Es Quien ha creado siete cielos superpuestos. No ves ninguna contradicción en la creación del Compasivo. ¡Mira otra vez! ¿Adviertes alguna falla?» (67:3).

Remordimiento es otro aspecto importante de la adoración que el musulmán debe tomar en serio. En el Corán Alá aconseja a los musulmanes que se arrepientan y que sean justos, antes que sea demasiado tarde y que el juicio sea establecido. El Corán dice: «¡Volveos a vuestro Señor arrepentidos! ¡Someteos a Él antes de que os alcance el castigo, porque luego no seréis auxiliados!» (39:54).

Súplica es uno de los aspectos más importantes de la adoración musulmana. En el Corán leemos: «Alabado sea Dios, Señor del universo. […] A Ti solo servimos y a Ti solo imploramos ayuda» (1:2-5). Esto significa que los musulmanes no solo adoran a Dios y suplican su ayuda, sino que le adoran exclusivamente a Él y piden solamente Su ayuda, porque Él es el único digno de devoción y capaz de ayudar a los humanos. El Profeta Muhammad (P y B) dijo: «Si necesitas ayuda, ofrece súplicas a Alá».[21]

Es *ibadah* que un musulmán *cumpla fielmente sus votos y juramentos de servicio espiritual,* incluido el servicio a la humanidad. Si una persona cumple sus votos en sus tratos comerciales y económicos, en sus contratos y en sus relaciones con toda la gente que conoce, familiares, amigos o extraños, todo eso constituye *ibadah*. El Corán testifica: «Fueron fieles a sus promesas y temieron un día cuyo mal será de alcance universal» (76:7).

Buscar refugio en Dios es otro aspecto importante de la adoración. Dios es el Creador, el Sustentador, el Gobernador, y el Dueño del día del juicio. Por lo tanto, Dios es el único Ser que tiene el derecho a la adoración humana en cualquier momento. Es obligación del hombre adorar a Dios buscando Su protección contra el mal. Dios protege a aquellos que en adoración se refugian en su Señor. En este sentido el Corán enseña: «Di: «Me refugio en el Señor de los hombres, el Rey de los hombres» (114:1-2).

Sacrificio también es una expresión significativa de adoración. El testimonio musulmán es bastante claro en este tema. El sacrificio no es para apaciguar a los dioses, porque Dios es Uno. Dios no está interesado en la carne y la sangre de nuestros sacrificios, sino solo como muestra de agradecimiento hacia Él al compartir la carne del animal sacrificado con nuestros prójimos. Lo importante en el sacrificio es el estado devocional de la mente. El Corán nos dice: «Dios no presta atención a su carne ni a su sangre, sino a vuestro temor de Él» (22:37). En otra aleya coránica, se nos informa que:

> Di: «Mi azalá, mis prácticas de piedad, mi vida y mi muerte pertenecen a Dios, Señor del universo. No tiene asociado. Se me ha ordenado esto y soy el primero en someterse a Él». (6:162-163)

Hemos descrito apenas algunos aspectos de las actitudes y expresiones correctas de adoración. Ahora consideraremos algunos aspectos de los rituales y las prácticas obligatorias de la adoración.

---

21. Al Bujari, *Hadith*.

Los rituales, creencias y prácticas obligatorios de la *ibadah*

Hemos visto que *ibadah* es un medio para purificar la vida espiritual y física del hombre. Hemos descrito varias expresiones o actitudes necesarias para la adoración. Sumadas a estas actitudes, Alá también ha ordenado ciertos rituales, creencias y prácticas obligatorios de *ibadah*. Ya hemos mencionado que éstas incluyen: 1) sumisión *(islam)* con sus pilares del deber; 2) fe *(iman)* con todos sus artículos de credo; 3) buenas obras *(ihsan)*.

Los actos o rituales obligatorios de la *ibadah* del deber, que constituyen la sumisión *(islam)*, consisten de cinco pilares: 1) testificar que no hay otro dios sino Alá y que Muhammad (P y B) es Su mensajero; 2) realizar oraciones *(salat)*; 3) pagar la limosna obligatoria *(zakat)*; 4) ayunar durante el mes de Ramadán *(saum)*; 5) hacer el peregrinaje a la Kaaba *(haj)*.

Las creencias obligatorias de *ibadah* que constituyen el iman son creencia en: 1) Un Dios (Alá); 2) Sus ángeles; 3) Sus libros; 4) Sus mensajeros; 5) el último día; 6) Su poder *(qadar y qata')*.

Finalmente, la práctica obligatoria de la *ibadah* que constituye *ihsan* (bien hacer) es adorar a Alá como si lo vieras, porque aunque no lo veas, Él sí te ve.

No es nuestra intención tratar a fondo todos los rituales, creencias y prácticas obligatorios de la ibadah recién bosquejados. Vamos a centrar nuestra atención en varios aspectos de *ihsan* (bien hacer) y *salat* (oración), ya que es una forma muy importante de la *ibadah* de sumisión *(islam)*, porque *salat* es un pilar importantísimo del deber musulmán.

Conducta correcta (*ihsan*)

La conducta correcta es una forma obligatoria de adoración. La *ibadah* de *ihsan* es absolutamente esencial, porque cada buena obra realizada en sometimiento a la voluntad de Alá es sin duda un acto de adoración. La rectitud cubre tantas áreas de nuestra vida pública y privada que no podríamos abarcarlas todas aquí. Si un hombre ayuda al pobre, da de comer al hambriento, asiste al enfermo o realiza otros actos similares, no por motivos egoístas, sino solo procurando agradar a Dios —eso es adoración verdadera—. El Corán dice lo siguiente sobre la rectitud (piedad):

La piedad no estriba en que volváis vuestro rostro hacia el Oriente o hacia el Occidente, sino en creer en Dios y en el último Día, en los ángeles, en la *Escritura* y en los profetas, en dar de la hacienda, por mucho amor que se le tenga, a los parientes, huérfanos, necesitados, viajero, mendigos y esclavos, en hacer la azalá y dar el azaque, en cumplir con los compromisos contraídos, en ser pacientes en el infortunio, en la aflicción y en tiempo de peligro. ¡Ésos son los hombres sinceros, ésos los temerosos de Dios! (2:177)

Oración (*salat*)

Salat es la obligación fundamental y más importante de la *ibadah*. Se relata que el Profeta dijo: «*Salat* es el pilar de la Religión, y quienquiera que la abandone destruye el pilar mismo de la religión».[22] En otra ocasión el profeta describió al *salat* como «la esencia de la adoración». Es mediante la oración que un musulmán se somete de forma práctica y total a Alá.

La oración es un deber religioso; es *ibadah*. Dios dice:

«¡Invocadme y os escucharé! Los que, llevados de su altivez, no Me sirvan entrarán, humillados, en la gehena» (40:60). Salat es el cumplimiento de un deber obligatorio, un acto de homenaje hacia Dios, un deber exigido a todos los fieles. Quien conscientemente evita el salat abandona el islam.

La oración es el corazón y la esencia de la religión. Las oraciones serán tomadas en cuenta en el día del juicio antes que cualquier otro deber. Aprendemos de un *hadiz* que «Si tus oraciones son perfectas, todas tus demás obras ganarán la satisfacción del Señor Misericordioso».[23] Debido a que la oración es muy importante, es el primer deber impuesto por Dios a la humanidad, después de creer en Su Unicidad.

Está prescrito para un musulmán orar cinco veces al día: antes del amanecer, entre el mediodía y la tarde, por la tarde, inmediatamente después de la puesta del sol y entre el crepúsculo y cuando anochece. Las diversas poses y posturas que el adorador adopta durante sus ora-

---

22. Relatado por Omar, *Al-Hadith*, Vol. III (Lahore: The Book House, por Fazul Karim, N.D.), p. 169.
23. Relatado por Abi Hurayirah, *Sahih Tirmidh* (Damasco: L-Iftai por Minhaji Salihin & Izudin Baliyk, N.D.), p. 134.

ciones son una verdadera encarnación del espíritu de sumisión total a Alá. Las diferentes recitaciones fortalecen su compromiso con el Dios Todopoderoso. La frecuencia de la oración es una buena lección de disciplina y fuerza de voluntad para el adorador. Las oraciones fortalecen el fundamento de la fe de uno y lo preparan para una vida de virtud, sumisión a Alá, paz interior y estabilidad. Ayudan a encaminar al hombre a la forma de vida más recta, una vida de sinceridad, paciencia, valor, confianza y esperanza.

Antes que un musulmán se presente ante su Señor para ofrecer oraciones, debe estar inmaculadamente limpio y puro. El Corán dice: «Dios ama a quienes se arrepienten. Y ama a quienes se purifican» (2:222). Al islam le interesa la purificación del cuerpo de toda suciedad e impureza, y también la purificación de la mente de actitudes y creencias falsas, equivocadas y corruptas. A esta purificación de la mente, cuerpo y vestimenta se le llama *taharah* (purificación). Solo cuando el musulmán esté en la condición de *taharah* puede realizar el *salat*. La purificación del cuerpo puede hacerse mediante un lavado parcial de las partes del cuerpo más expuestas al polvo y a la suciedad, o a través de un baño completo. Al lavado parcial se le llama *wadu* (ablución) y al baño completo *gusul*. Todo esto demuestra la importancia del *salat* como una forma de adoración.

Se recomienda que la oración se haga en la mezquita y con una congregación, si se tiene acceso a una. Esto es especialmente cierto en el caso de la oración congregacional del *yuma* (viernes), que es obligatoria para todos los musulmanes. En todas las demás ocasiones, los musulmanes también preferirán orar en la mezquita, si hay alguna accesible. Pero si no es conveniente asistir a la mezquita, los musulmanes pueden orar dondequiera que se encuentren: en casa, en el mercado, en un parque, en una estación del tren, en el patio de una embajada, o a bordo de un barco. Es muy común ver a un musulmán orando a la orilla del camino.

Los musulmanes pueden realizar el *salat* en cualquier sitio. El Corán dice: «Y: Los lugares de culto son de Dios» (72:18). Sin embargo, una característica común que los musulmanes alrededor del mundo tienen que observar es estar descalzos, todos mirando hacia La Meca *(qibla)* y haciendo sus rezos en el idioma del Corán. Esta práctica universal del salat compartida por todos los musulmanes alrededor del mundo distingue a los musulmanes de los no-musulmanes. La unidad de la comunidad mundial del islam es evidente en el ritual común del *salat*.

Hemos presentado el *salat* como un aspecto de la *ibadah* de sumisión. No hemos discutido los otros rituales obligatorios, ni hemos sondeado ningún aspecto de la *ibadah* del *iman* (creencia). Solo hemos tratado brevemente la *ibadah* de *ihsan* (bien hacer). Pero el *salat* es una dimensión clave en la experiencia completa de la *ibadah*. Como tal el *salat* revela el significado interior de la adoración en el islam. De hecho, el islam es *ibadah*.

La esencia del islam es *ibadah*. Es en la adoración —un estilo de vida completo, una expresión de sumisión total y agradecida a Dios— que un musulmán da testimonio de la realidad de su fe en Dios. Por medio de la *ibadah* el musulmán expresa la sumisión y paz que es el islam.

De lo que hemos identificado como *ibadah*, afirmamos confiadamente que no existe el islam sin *ibadah*. Es a través de la *ibadah* que el islam adquiere sentido. Es la *ibadah* la que provee los pilares para sostener el edificio del islam.

Abu Huraira registra en un *hadiz* que un árabe vino al Profeta y le dijo: «Guíame a una obra haciendo la cual entraré al paraíso». El Profeta le contestó: «Adora a Dios y no asocies nada con Él, guarda las oraciones prescritas, paga el *zakat* (limosna) obligatorio y ayuna durante Ramadán».

El árabe respondió: «Por Él, en cuyas manos está mi alma, no agregaré nada a esto, ni me quedaré corto». Cuando salió, el Profeta dijo: «Si alguien quiere ver a un hombre que va a estar en el paraíso, que vea a este hombre».[24]

Así que si alguien realiza todas sus obligaciones esenciales *(ibadah)* sin obviar ninguna de ellas, su lugar está en el paraíso. Es a través de la adoración correcta que un hombre puede esperar alcanzar el paraíso.

Una respuesta cristiana

El testimonio musulmán en la adoración es profundo. La adoración correcta es una importante preocupación musulmana, y muchos cristianos que tienen amigos musulmanes están impresionados por la sinceridad y devoción de la adoración islámica. La disciplina musul-

---

24. Al Bujari, *Hadith*.

mana de la oración, ayuno, o limosna es impresionante. Los cristianos aprecian que la esencia de la adoración musulmana sea la sumisión a Dios. Los cristianos, al ver y oír el testimonio islámico de la adoración, son frecuentemente desafiados para hacerse más disciplinados en su propia experiencia de adoración.

Al mismo tiempo, el testimonio cristiano invita a todos los verdaderos adoradores de Dios a ir más allá del misterio de las formas de adoración, y entrar en un encuentro real con Dios, una relación de comunión personal con Aquel que tanto musulmanes como cristianos adoran. Las formas y prácticas de nuestra adoración son menos importantes que el espíritu en el que adoramos. Jesús el Mesías nos invita a adorar a Dios como nuestro amante Padre celestial. Somos invitados a adorar a nuestro Padre celestial en espíritu y en verdad. Se nos convida a gozosamente participar juntos en la abundancia de Su gracia y amor.

Es por esta razón que comer y beber juntos en comunión, en la presencia de Dios (la comunión o santa cena), es el símbolo y la expresión más profunda de la adoración cristiana. Es una señal de que Dios, nuestro amante Padre celestial, está presente con Su gracia entre Su pueblo.

Al adorar en la presencia de Dios se nos recuerda, tanto a musulmanes como a cristianos, que la adoración verdadera, aceptable a Dios, es tener una actitud correcta.

Una aclaración musulmana

El hecho que los musulmanes estén muy preocupados por las formas correctas de adoración no debe oscurecer el otro hecho, que un verdadero musulmán debe estar igualmente preocupado por tener una actitud correcta de sumisión total a Dios en su adoración. En la adoración islámica, el ritual correcto y la actitud correcta van juntos. La tercera dimensión de la adoración islámica, *ihsan*, se concentra en la actitud correcta. El Corán dice: «La piedad no estriba en que volváis vuestro rostro hacia el Oriente o hacia el Occidente, sino en creer en Dios» (2:177).

11

Conducta correcta

El ideal musulmán

El Dios Todopoderoso ha revelado al Profeta Muhammad (P y B) una Ley Divina y un esquema permanente de valores. Estos son los ideales en los que la conducta musulmana debe basarse. Primero, debemos discutir la Ley Divina *(sharía)* como el fundamento para la conducta correcta. Después describiremos brevemente los valores islámicos.

La *sharía:* ¿qué es?

Etimológicamente se deriva de una raíz árabe: «el camino andado». Este camino es el que dirige a los hombres a la sumisión. La *sharía* es la Ley Divina revelada por Dios al Profeta Muhammad (P y B) para guiar a la comunidad musulmana. Es el detallado código de conducta que los musulmanes deben seguir, tanto en su vida privada como en la pública. Es un sistema muy bien organizado de leyes universales para la conducta correcta. Es la Ley Divina que une a todos los musulmanes en una sola *umma*, aún para aquellos que viven fuera de las fronteras de la nación musulmana. Esta es la *sharía*. Es principalmente gracias a esta ley universal que el islam ha sido capaz de desarrollar una civilización, una cultura completa, y un orden mundial integral.

¿Qué contiene la sharía?

La *sharía* contiene cada aspecto de la acción humana, sea secular o espiritual. Asuntos políticos, económicos y sociales son todos regulados por la *sharía*. Formas y modos de adoración, estándares de moral y vida, están contenidos en la *sharía*. Por medio de la *sharía*, el humano recibe dirección sobre cómo regular su vida en beneficio de Dios y de sí mismo.

Se le da todo detalle de cómo conducir su vida, por ejemplo, cómo tratar con su vecino, sus padres y aquellos bajo su cuidado. Se le ordena practicar la misericordia, pero la *sharía* también le instruye en cómo ser misericordioso en situaciones particulares. La *sharía* instruye al hombre sobre cómo debe comer, recibir visitantes, comprar y vender, sacrificar animales, lavarse, dormir, ir al baño, dirigir un gobierno, practicar justicia, orar y realizar otros actos de *ibadat*.

En el islam no hay distinción entre conducta privada y pública, y la *sharía* dirige al hombre a conducir la totalidad de su vida de acuerdo con la Voluntad Divina. A través de la *sharía*, el hombre puede dar significado religioso a su vida diaria. Esta Ley Divina es el código de vida correcto y completo para la humanidad.

Como código de vida completo, la *sharía* ha demostrado claramente cuáles actos de vida son obligatorios *(farad)*, p.ej. oración; cuáles son prohibidos *(haram)*, p.ej. tomar vino; cuáles son recomendados *(sunna)*, p.ej. oraciones adicionales; cuáles son desaconsejados *(mukrouh)*, p.ej. comer demasiado; cuáles son indiferentes *(mobah)*, p.ej. viajar a pie o a caballo.

Fuentes de la *sharía* (el Corán y el *Hadiz*)

La fuente más importante de la Ley Divina es el Corán. Como ya se mencionó, el Corán es la revelación perfecta final. Cada palabra contenida en el Corán árabe viene de Dios. Como revelación final, contiene las últimas y más perfectas soluciones para todas las cuestiones de creencia y conducta. El Santo Corán contiene los principios de toda la Ley. Sin embargo, no debemos equivocarnos creyendo que es únicamente un libro de leyes, ya que encierra otros temas aparte de la ley. Pero sí es una fuente muy importante de la Ley Divina.

Aunque todos los principios generales de la ley están contenidos en el Corán, no todos están explícitamente claros en detalle y aplicación. Tenían que ser explicados y ampliados. El intérprete natural para la Ley Divina fue el Profeta Muhammad (P y B) por medio de quien el Corán fue revelado. El Corán dice: «Los creyentes son, en verdad, quienes creen en Dios y en Su Enviado» (24:62). Y en otra aleya el Corán continua diciendo: «A ti también te hemos revelado la Amonestación para que expliques a los hombres lo que se les ha revelado. Quizás, así, reflexionen» (16:44). De esta forma, al Profeta se le dotó de sabiduría *(hikma)* Divina y autoridad para predicar y explicar el Corán, como se menciona: «Al Enviado no le incumbe más que la transmisión clara» (24:54). El profeta indicó a su comunidad cómo interpretar y aplicar la ley, tal como fue revelada en el Santo Corán.

Cuando murió el profeta, todos sus dichos y las instrucciones que él había dado *(hadices)*, y toda su conducta y práctica *(sunna)* fueron conservados por los que le acompañaron. Más tarde todo esto fue rigurosamente cernido, combinado y recopilado en libros, p.ej. *Sahih Muslim* y *Sahih Bujari*. A estos libros se les conoce como el *Hadiz*. Son un comentario y complemento del Corán. Los escritos del *Hadiz*, que combinan *sunna* y *hadiz*, constituyen la segunda fuente fundamental de la ley, después del Corán. El *Hadiz* profético *(hadices* y *sunna)*, al igual que el Corán, son las fuentes infalibles de la ley.

Con el paso de los años, algunos eruditos musulmanes *(ulemas)* y especialmente los doctores de la ley *(fuqaha)* desarrollaron y sistematizaron la *sharía*. Usaron tanto el Corán como el *Hadiz* para escribir los volúmenes de la ley incluidos en la *sharía* hoy día. Se usaron dos procesos para determinar el significado del Corán y del *Hadiz* al escribir la Ley musulmana. Primero, los doctores de la ley dependieron del consenso de la comunidad islámica *(iyima)*. Segundo, usaron razonamiento analógico *(qiyas)*. Tanto *iyima* como *qiyas* fueron los instrumentos de erudición usados para determinar la aplicación práctica del Corán y el *Hadiz*. De esta manera la *sharía* fue formada. Con el paso de los años se desarrollaron cuatro grandes sistemas de leyes: *hanifita*, *malakita*, *shafiita* y *hanbalita*. Estas escuelas de leyes tuvieron acercamientos en cuanto a *qiyas* e *iyima*. Sin embargo, el Corán y el *Hadiz* son la fuente *(madhab)* de la *sharía* para todas las escuelas de leyes.

Matrimonio

Las reglas de matrimonio son un ejemplo de la manera en que la *sharía* provee dirección perfecta. La *sharía* proporciona cuidadosa orientación sobre cada aspecto de la relación matrimonial. En el islam, el matrimonio es un contrato solemne. Aunque la monogamia es deseable, el código moral del islam permite la poligamia o el divorcio bajo las circunstancias apropiadas. La *sharía* regula cuidadosamente cada detalle del contrato matrimonial o del procedimiento de divorcio. Los derechos de las esposas en un hogar polígamo también son definidos por la *sharía*.

La poligamia ha sido practicada a lo largo de la historia humana. El islam no ignoró esta práctica ni la dejó sin regulación. La poligamia ha sido permitida bajo ciertas condiciones, con un máximo de cuatro esposas. Este permiso condicional no es un pilar de fe ni un acto de adoración. El Corán enseña:

> Casaos con las mujeres que os gusten: dos, tres o cuatro. Pero, si teméis no obrar con justicia, entonces con una sola o con vuestras esclavas. Así, evitaréis mejor el obrar mal (4:3).

Se ha permitido un máximo de cuatro, con la condición que el trato sea equitativo en cuestiones materiales e inmateriales, así como en afecto. Abdulá Yusuf dice: «Como esta condición es tan difícil de cumplir, entiendo que la recomendación es hacia la monogamia».[25]

Las reglas sobre la poligamia no tenían como meta alentarla como una necesidad o norma. Sin embargo, abolirla por completo no era factible, así que el islam tomó el paso práctico de permitirla, pero con limitaciones.

Moral

Aparte de la *sharía*, el segundo patrón del ideal para la conducta musulmana es el esquema de enseñanza moral. La moralidad es una parte integral del islam, los valores morales se mencionan casi en cada pasaje del Corán. No podemos abarcar todo en este pequeño capítulo. Algunos de estos valores que se repiten con frecuencia son: sinceridad, honestidad, humildad, castidad, mansedumbre, caridad, cortesía, amor, perdón, bondad, valor, simpatía, justicia, franqueza, obediencia, aprecio, amabilidad y firmeza.

Las dimensiones de la moralidad cubren varios aspectos. Estos son principalmente la relación del ser humano con Dios, con otros humanos, con las demás criaturas, y con su ser interior. Los valores morales del islam enseñan a la gente a desistir de causar daño a su prójimo, y animan a hacer el bien a los demás.

El entendimiento musulmán de los valores morales puede ser parcialmente resumido en la siguiente aleya coránica:

> ¡Servid a Dios y no Le asociéis nada! ¡Sed buenos con vuestros padres, parientes, huérfanos, pobres, vecinos —parientes y no parientes—, el compañero de viaje, el viajero y vuestros esclavos! (4:36)

---

25.   Adulá Yusuf Alí, *The Holy Corán* [El santo Corán], (Beirut: Dar al Arabia, 1968), p. 179.

Los valores morales positivos, que alientan a la humanidad a hacer el bien, enfatizan que la gente debe obedecer y amar al Único Dios verdadero. Las personas deben pacíficamente rendirse a la voluntad de Alá. La sumisión a la voluntad de Alá sirve como fuente para fortalecer las cualidades morales. Estas incluyen amabilidad y amor hacia los parientes, padres, vecinos o extraños. Los humanos debe respetar los derechos legítimos de otros. Deben ser honestos, cumplir todos sus compromisos y arrepentirse de sus pecados. Deben trabajar para ganarse la vida.

Aparte de estos valores morales positivos, que instruyen a las personas a someterse a la voluntad de Alá y a ser buenos consigo mismos y hacia otros, existen otros valores morales protectores y preventivos que ayudan a la gente a abstenerse de herir o dañar la vida o propiedad de otros seres humanos. Abordemos brevemente algunas de estas enseñanzas morales.

Castidad

Al musulmán se le restringe echar miradas desenfrenadas a extraños y debe evitar escuchar historietas de lujuria y romance. Todas las relaciones sexuales fuera del matrimonio están prohibidas. El Corán dice: «…que se abstienen de comercio carnal, salvo con sus esposas o con sus esclavas —en cuyo caso no incurren en reproche…—» (23:5-6).

La manera de vestir en público también está regulada por los valores morales islámicos. El Corán afirma:

> Di a los creyentes que bajen la vista con recato y que sean castos. Es más correcto. Dios está bien informado de lo que hacen. Y di a las creyentes que bajen la vista con recato, que sean castas y no muestren más adorno que los que están a la vista… (24:30-31)

Esta restricción (castidad) ayuda al hombre a alcanzar la forma más alta de valor moral.

Honestidad

A los musulmanes se les ordena ser honestos y fieles, y a cuidar aquello que se le ha confiado. El Corán enseña:

Dad a los huérfanos los bienes que les pertenecen. No sustituyáis lo malo por lo bueno. No consumáis su hacienda agregándola a la vuestra. Será un gran pecado. (4:2)

En otra aleya Dios dice: «¡Dad la medida justa, no hagáis trampa! ¡Pesad con una balanza exacta!» (26:181-182). Las diversas enseñanzas coránicas ayudan a las personas a protegerse de todas las formas de corrupción permaneciendo honestos.

Paz

Islam significa sumisión y paz. La paz es uno de los más altos valores morales. A los musulmanes se les insta a vivir pacíficamente el uno con el otro. «Dios ama a los que observan la equidad. Los creyentes son, en verdad, hermanos» (49:9-10). Ser pacífico significa que nadie causa daño a otra persona. El islam lucha por esto.

Cortesía

Se les ha ordenado a los musulmanes ser corteses en toda su conducta. Deben evitar toda sospecha y conversación vana. Con ese fin el Corán exhorta: «¡Creyentes! ¡Evitad conjeturar demasiado! Algunas conjeturas son pecado. ¡No espiéis! ¡No calumniéis! ¿Os gustaría comer la carne de un hermano muerto?» (49:12).

Salud y dieta

Mientras que estos cuatro valores —castidad, honestidad, paz y cortesía— tienen como propósito capacitar a las personas para refrenarse de causar daño a los demás, existen otros valores que previenen a los humanos de dañarse a sí mismos. Bajo estos valores morales, se prohíbe a las personas tocar toda clase de sustancias embriagante (2:219, 5:93-94); o comer derivados de la carne de cerdo, animales salvajes con garras, todas las aves de rapiña, carne de muerto, reptiles, gusanos y aquello que no ha sido matado correctamente (2:172-173; 5:4). Este esquema de valores morales ha sido ordenado por Alá para ayudar al hombre a desarrollar su carácter y personalidad de acuerdo a la voluntad de Alá. Estos altos valores morales son necesarios para guiar al ser humano en el camino recto.

Resumen

No existe el islam sin valores morales profundos. Es la Ley Divina de Dios *(sharía)* y Su esquema permanente de valores morales lo que constituye el patrón de la conducta musulmana ideal. Los dos se complementan y son un suplemento mutuo, y el ideal musulmán de conducta recta no se puede realizar cabalmente si cualquiera de los dos está ausente.

Una respuesta cristiana

¿Cómo nos hacemos justos? El islam reconoce que las reglas y que las enseñanzas morales ayudan de muchas maneras. Pero la pregunta sigue en pie: ¿son suficientes los reglamentos civiles y morales?

El testimonio bíblico dice:

> Con respecto a la vida que antes llevabais, se os enseñó que debíais quitaros el ropaje de la vieja naturaleza, la cual está corrompida por los deseos engañosos; ser renovados en la actitud de vuestra mente; y poneros el ropaje de la nueva naturaleza, creada a imagen de Dios, en verdadera justicia y santidad. *(Efesios 4:22-24* NVI)

> Ya que por las obras de la ley ningún ser humano será justificado delante de él; porque por medio de la ley es el conocimiento del pecado. Pero ahora, aparte de la ley, se ha manifestado la justicia de Dios, testificada por la ley y por los profetas; la justicia de Dios por medio de la fe en Jesucristo, para todos los que creen en él. *(Romanos 3:20-22* RVR)

12

La misión de la *umma*

El trabajo de la *umma*

Las primeras dos revelaciones a Muhammad (P y B) fueron órdenes para proclamar. En el monte Hira, Dios le ordenó al Profeta que recitara en el nombre de su Señor, Quien creó. Mediante esta misma revelación, Muhammad (P y B) fue llamado a ser Profeta. La segunda orden Divina decía: «¡Tú, el envuelto en un manto! ¡Levántate y adviérte! A tu Señor, ¡ensálzale!» (74:1-3). Por esta segunda revelación Divina, al Profeta se le ordenó que empezara a predicar el mensaje de Dios. Debía proclamar públicamente el nombre del Señor, Alá. Por medio de esta revelación, Muhammad (P y B) fue llamado a ser el Mensajero de Alá.

La misión del Profeta

Por voluntad y designio de Alá, la misión de Muhammad (P y B) llegó a ser lógica y exitosa. Primero, se le ordenó advertir a sus parientes cercanos, después a su pueblo, luego a los árabes alrededor de ellos. A éstos los siguieron todos los de Arabia, y finalmente el mundo entero. La misión del Profeta iba a ir de lo conocido a lo desconocido. Alá dice: «La hemos revelado como Corán árabe. Quizás, así, razonéis» (12:2). Y en otra aleya se dice: «En verdad, lo hemos hecho fácil en tu lengua. Quizás, así, se dejen amonestar» (44:58).

De pie en La Meca Muhammad predicó el mensaje de Dios. Advirtió a los no creyentes del terrible castigo después del día del juicio. Con su predicación llamó a los mecanos a someterse a la voluntad de Dios. La mayoría de los quraishíes recibieron el mensaje de Muhammad con franca hostilidad. Muhammad y su séquito de seguidores fueron torturados y perseguidos. El Todopoderoso Alá le ordenó refrenarse y tener paciencia. Cuando la persecución a los musulmanes se hizo más intensa, Alá le aconsejó que emigrara. El Corán dice:

> Y cuando los infieles intrigaban contra ti para capturarte, matarte o expulsarte. Intrigaban ellos e intrigaba Dios, pero Dios es el Mejor de los que intrigan. (8:30)

En Medina, el Profeta unió a sus creyentes en una sola hermandad, la *umma*. Los musulmanes pronto descubrieron enemigos de la *umma*, tanto internos como externos. Fue en este tiempo que al Profeta se le ordenó pelear contra los que le hacían la guerra y refrenarse de pelear contra los que no. El Corán dice: «Si, al contrario, se inclinan hacia la paz, ¡inclínate tú también hacia ella! ¡Y confía en Dios! Él es Quien todo lo oye, Quien todo lo sabe» (8:61). A los musulmanes se les ordenó, desde el principio, no comenzar hostilidades o agresión en contra de otros pueblos. Sin embargo, deberían permanecer firmes y resistir agresiones y opresión contra la *umma* y la humanidad.

Al promover la misión de la *umma*, los musulmanes deben seguir las enseñanzas y el buen ejemplo del Profeta Muhammad (P y B). El Corán dice: «Los creyentes son, en verdad, quienes creen en Dios y en Su Enviado» (24:62). Los musulmanes reconocen que Muhammad (P y B), como último profeta de Alá, fue el único profeta que completó su misión durante su vida. La última revelación que recibió antes de morir decía: «Hoy os he perfeccionado vuestra religión, he completado Mi gracia en vosotros y Me satisface que sea el islam vuestra religión» (5:3).

Para cuando falleció Muhammad (P y B), él había establecido la *umma* de los creyentes. También había desarrollado un modelo completo del islam en esta tierra para que la humanidad lo siguiera. Después del Profeta, la *umma* tomó el trabajo honroso de proclamar el mensaje perfecto del islam por todo el mundo.

La expansión del islam

El Corán y el Profeta Muhammad (P y B) dejaron bien claro que tenían un mensaje para toda la humanidad. En muchos pasajes el Corán llama a los hijos de Adán, o la humanidad, a aceptar el islam. El mensaje del Corán es universal, aunque fueron los árabes, los más cercanos al Profeta, los que lo recibieron primero. El Corán está dirigido a toda la humanidad. El Corán ilustra a la gente sobre Dios y Sus propósitos con el hombre. El Corán es la guía verdadera para la gente de este mundo, y les da nuevas alegres del mundo venidero si buscan llevar vidas rectas.

Alá dice: «No es sino una amonestación dirigida a todo el mundo, para aquéllos de vosotros que quieran seguir la vía recta» (81:27-28).

En otra aleya Alá ha descrito el Corán como sigue: «Ésta es una Escritura que te hemos revelado para que, con permiso de su Señor, saques a los hombres de las tinieblas a la luz…» (14:1).

Desde el comienzo de su misión hasta el final, el Profeta nunca perdió de vista la naturaleza universal de su misión, ya sea que estuviera predicando a allegados, árabes, o toda la humanidad. Esta misión es el islam. Islam es la sumisión total a un solo Dios verdadero, el Creador, el Sustentador y el supremo Soberano de todos los mundos. A los musulmanes se les ha encomendado la noble misión de traer a todo el mundo a su Soberano supremo y liberarlos de servidumbre a cualquier dios falso. La propagación del islam a todos los pueblos es una tarea religiosa que debe ser emprendida por todos los verdaderos musulmanes, siguiendo el buen ejemplo del Profeta que fue sancionado como «una misericordia para toda la humanidad».

Esforzándose en la causa de Dios *(yihad)*

Yihad (esforzarse) no se refiere a la guerra como instrumento para extender el islam. El argumento de algunos orientalistas de que el islam es intolerante y fue propagado por la espada muestra cuán poco los de afuera entienden el islam y su misión. No podremos examinar en detalle las acusaciones hechas por no musulmanes en cuanto al islam, y las réplicas que los musulmanes hacen a éstas, recordando a los cristianos las masacres perpetradas por Justiniano el emperador bizantino (527-562 d.C.), las temibles guerras del cristiano Clodoveo (Clovis, 466-511 d.C.) y la conducta salvaje de los cruzados cristianos cuando capturaron Jerusalén, todo hecho en el nombre del cristianismo. Islam, una forma de vida completa, no hace distinción entre conducta privada y pública, entre lo secular y lo espiritual. Es en esta línea que la guerra no ha escapado a la legislación musulmana.

Varias aleyas del Corán mencionan que la guerra es parte de la vida mientras existan injusticias y opresión en el mundo. El Corán dice: «Si Dios no hubiera rechazado a unos hombres valiéndose de otros, la tierra se habría ya corrompido. Pero Dios dispensa Su favor a todos» (2:251). En otra aleya el Corán afirma:

Si Dios no hubiera rechazado a unos hombres valiéndose de otros, habrían sido demolidas ermitas, iglesias, sinagogas y mezquitas, donde se menciona mucho el nombre de Dios. (22:40, ver también 2:216)

En sus enseñanzas prácticas el islam ha reconocido que la guerra es inevitable y posee la legislación necesaria para regularla.

Sin embargo, el islam no aprueba la expansión de la *umma* por medio de la guerra. Desafortunadamente cuando no-musulmanes tratan de explicar por qué la fe musulmana fue abrazada por tanta gente de todo el mundo en tan poco tiempo, la razón más común que se da es la guerra santa o *yihad*. El término *yihad* con frecuencia ha confundido tanto a no-musulmanes como a musulmanes. ¿Qué es yihad? En el idioma árabe, la palabra *yihad* no es sinónimo de guerra. *Yihad* significa ejercer el máximo esfuerzo para repeler al enemigo. Significa esforzarse en la causa de Dios.

La lucha en la causa de Dios es de tres clases. La primera es la lucha contra un enemigo visible. La segunda es la lucha contra las tentaciones del diablo. La tercera es la lucha contra las pasiones de uno mismo. Mientras se lleva a cabo la *yihad*, los musulmanes deben esforzarse con su tiempo, conocimiento, energía, posesiones, talentos y todos sus recursos por la causa de Dios. Este es el verdadero significado de *yihad*, la cual fue ordenada por Alá y enseñada por el Santo Profeta para que los fieles la implementaran. Tiene un sentido mucho más amplio que pelear en una batalla.

Ya hemos discutido cuándo y por qué al Profeta se le ordenó pelear. Repetimos que el islam ha reconocido que pelear es legal solo por dos razones: en defensa propia y para restaurar justicia, libertad y paz. A los musulmanes se les ordena no iniciar ninguna agresión, y no someterse a ninguna agresión u opresión de sus enemigos. El Corán enseña:

Combatid por Dios contra quienes combatan contra vosotros, pero no os excedáis. Dios no ama a los que se exceden…. Combatid contra ellos hasta que dejen de induciros a apostatar y se rinda culto a Dios. Si cesan, no haya más hostilidades que contra los impíos. (2:190-193)

Esta es la condición de la guerra en el islam. La guerra no es la misión del islam, ni el curso normal de la *umma*.

El islam es paz

El islam es la religión de la paz. Su significado es paz. Es rendirse pacíficamente a la voluntad y los mandamientos de Dios. El saludo musulmán *assalaam alikum* significa: «que la paz de Dios sea sobre vosotros». El islam se esfuerza en traer la paz al mundo; nunca actuará de forma agresiva contra no-musulmanes que hayan hecho las paces con el islam o incluso que sean indiferentes a él. El islam no obliga a nadie para que lo acepte, porque es una fe que debe venir de una fuerte convicción individual. El Corán afirma esto categóricamente diciendo: «No cabe coacción en religión. La buena dirección se distingue claramente del descarrío» (2:256). La misión de gracia de la *umma* es proclamar pacíficamente el mensaje del islam a todos los pueblos del mundo, e invitar a toda la humanidad a entrar en dar al islam (región de la paz) que es la *umma*.

Durante su vida el Profeta Muhammad (P y B) envió mensajeros islámicos a llevar la luz del islam a los gobernantes de los países vecinos. Estos fueron Heraclio el emperador bizantino, Cosroes el emperador persa, el Negus de Abisinia, y Hamza de Yemen. Los enviados fueron recibidos con sentimientos encontrados en esas diversas capitales. La peor recepción fue la del emperador persa. En poco tiempo expediciones militares romanas y persas violaron el territorio musulmán en incursiones fronterizas. La corte romana incluso dio órdenes pidiendo la cabeza del Profeta. Así que, por medio de la muerte del Profeta, los musulmanes fueron arrastrados involuntariamente a la guerra por sus vecinos. Los musulmanes empujaron la guerra a conclusiones lógicas varias décadas después. En el proceso de derrotar a sus enemigos, los musulmanes no persiguieron o forzaron la conversión de la gente local.

Sin embargo debemos notar que no todas las guerras peleadas por musulmanes han sido por la causa de Dios. Si los musulmanes cometen alguna agresión por motivos personales, deben saber que están actuando en contra de las enseñanzas verdaderas del islam y están acarreando el desagrado de Alá.

Los musulmanes siguieron el mandato de Alá y el buen ejemplo del Santo Profeta al predicar el islam al mundo exterior. Maestros, comerciantes, místicos, eruditos y simples laicos, todos participaron en la noble tarea de proclamar el islam por todo el mundo. Cien años después de la muerte del profeta, el nombre de Alá el más Grande, estaba siendo alabado desde China en el este, hasta Marruecos al oeste y Francia al norte. En el mismo período, el islam había establecido una presencia significativa en África oriental y del norte. Hoy día el islam se ha extendido por todas partes del mundo. Esto demuestra cómo la *umma* ha tenido éxito y ha estado activa en predicar pacíficamente el mensaje perfecto de Alá.

Misión a través del servicio

Dado que el islam es un estilo de vida perfecto, el servicio es otro aspecto importante de la misión islámica. El profeta dijo: «No es un creyente auténtico el que come hasta saciarse mientras su vecino yace hambriento a su lado». Hemos mencionado anteriormente que si uno ayuda generosamente a los pobres, los desechados, alimenta a los hambrientos, sirve a los que sufren, el tal ha realizado *ibadah* (adoración). El tercer pilar del deber musulmán (limosnas obligatorias) es impuesto a los musulmanes para ayudar a los necesitados.

Debido a que el servicio es un deber importante de los musulmanes, dos organizaciones islámicas en Kenia, a decir la Fundación Islámica y la Asociación Musulmana Juvenil, han establecido internados y orfanatos gratuitos en el noreste de Kenia. Estas dos organizaciones son un ejemplo de ministerios de servicio islámico por todo el mundo. Los musulmanes están haciendo cuanto pueden para cumplir la misión de la *umma* por medio del servicio a la humanidad.

La *umma* y la historia

Es la voluntad de Dios que todos los hombres se sometan a la dirección correcta revelada en el Corán y el *Hadiz*, como lo explica la *sharía*. Cualquier persona que se someta a la *sharía* es bendecida. Aunque no hay compulsión en religión, y aunque Dios mismo reconoce la diversidad de prácticas religiosas de los pueblos, ahora que el último Libro de Dios ha sido revelado, es justo que todos los pueblos respondan al testimonio musulmán y se sometan a la *sharía* del islam. Haciendo esto las personas se vuelven parte de la región de la paz, la *umma*.

Los eruditos musulmanes no saben con certeza cuánto se extenderá la *umma* antes del fin de la historia. Algunos creen que antes del juicio final, la *umma* se extenderá a todas las naciones y pueblos. Otros creen que en los últimos años habrá un incremento de incredulidad. Sin embargo, según el *Hadiz*, los musulmanes creen que Jesús el Mesías regresará al final de la historia para establecer el islam en toda la tierra. Después habrá una resurrección y un juicio final en el que Dios determinará quién irá al infierno y quién al cielo. El infierno es descrito como un lugar de fuego y castigo eterno, y el cielo es un paraíso de gozo y abundancia. La mejor seguridad contra el infierno es someterse a la religión de la paz, la *umma*, obedeciendo la *sharía* que ha sido revelada por Dios al Profeta Muhammad (P y B).

A pesar de los problemas con los que la *umma* ha tenido que lidiar durante los últimos catorce siglos, ha sido muy efectiva en su labor. La misión de proclamar el mensaje perfecto de Alá por todo el mundo ha sido asumida con seriedad. Muchas organizaciones musulmanas como la Liga Mundial Islámica (La Meca), Sociedad del Llamado Islámico (Libia) o la Misión de la Universidad de Azhar (El Cairo) continúan enviando misioneros a predicar el islam por todas partes de la tierra. El islam, que nunca ha tenido un sacerdocio ordenado con un respaldo misionero organizado, ha sido propagado generalmente por musulmanes pobres que han tenido que sacrificar todos sus recursos materiales y humanos para servir a la humanidad.

Por medio del servicio sacrificial y la predicación fiel, la *umma* siempre se esforzará en cumplir su misión de establecer el Gobierno y Ley de Dios en la tierra, siguiendo el ejemplo del Profeta Muhammad (P y B).

Una respuesta cristiana

Los musulmanes creen que tienen un testimonio que dar al mundo. El tremendo crecimiento de la *umma* es evidencia de que los musulmanes han dado su testimonio muy eficazmente.

Los cristianos también creen que tienen un testimonio que proclamar al mundo. Tanto cristianos como musulmanes, en sus relaciones uno con el otro, necesitan reconocer que dar testimonio es parte esencial de su fe. Cuando musulmanes viven en tierras que son predominantemente cristianas, la iglesia debe promover la libertad para que los musulmanes testifiquen y para que cristianos puedan convertirse al islam si así lo deciden. La libertad para testificar y convertirse es un derecho fundamental dado por Dios.

De igual manera, cuando cristianos son una minoría en tierras predominantemente musulmanas, el derecho de los cristianos a testificar libremente en cuanto a su fe debe ser asegurado por la mayoría musulmana. Y los musulmanes deben tener la libertad de tornarse cristianos si así lo deciden. Una comunidad cristiana que no puede testificar libre y abiertamente de su fe experimenta gran dolor, porque es parte esencial de la fe cristiana el mandato de Dios de ser testigos.

Como la libertad humana es un derecho fundamental dado por Dios, las personas deben tener el derecho de aceptar el testimonio que escuchen, sea musulmán o cristiano, o el testimonio de cualquier otra fe.

Los cristianos aprecian profundamente la insistencia musulmana que «no hay coacción en religión». Confesamos que en nuestra historia cristiana hemos, en ocasiones, fracasado en vivir de acuerdo a este ideal. Hemos, en ocasiones, usado la fuerza para convertir a personas al cristianismo. Confesamos este pecado y nos arrepentimos.

Los cristianos también apreciamos que idealmente *yihad* en el islam es para defensa propia y no para agredir. Sin embargo, cuando se ejerce la defensa propia de tal manera que impide que la iglesia pueda ser fiel a dar su testimonio en el mundo, esto es extremadamente doloroso. La autodefensa auténtica debe incluir también la voluntad de escuchar el testimonio de aquellos a quienes el Corán reconoce como «los más amigos» (5:82) de los musulmanes.

La Biblia también afirma, como el *Hadiz* musulmán, que Jesús el Mesías volverá al final de la historia. La Biblia explica, con lujo de detalles, el significado de la segunda venida del Mesías. Sería bueno para musulmanes y cristianos explorar juntos el significado de la esperada segunda venida del Mesías al final de la historia.

Parte II
El testimonio cristiano

13

El Señor Dios es uno

El testimonio cristiano

Los cristianos creen en un solo Dios. El versículo clave de la *Tora*[26] del profeta Moisés es: «Escucha, oh Israel, el Señor es nuestro Dios, el Señor uno es. Amarás al Señor tu Dios con todo tu corazón, con toda tu alma y con toda tu fuerza.» *(Deuteronomio 6:4-5*, BLA). Dios ordenó a los creyentes enseñar estas palabras a sus hijos, hablar de Dios al estar en sus casas y de viaje, por la mañana y por la tarde, atar estas palabras en sus manos y sus frentes, y escribirlas en los postes de sus casas (vv. 6:6-9).

Dios es uno

Dios es uno y nos ordena amarle totalmente. Es su voluntad que le hagamos el centro de toda nuestra vida. La unicidad de Dios y el mandato que debemos amarle es la enseñanza central de la *Tora*.

Más de mil años después del profeta Moisés, a Jesucristo (el Mesías)[27] se le preguntó: «¿Cuál es el primer mandamiento de todos? Jesús le respondió: El primer mandamiento de todos es: Oye, Israel; el Señor nuestro Dios, el Señor uno es. Y amarás al Señor tu Dios con todo tu corazón, y con toda tu alma, y con toda tu mente y con todas tus fuerzas» *(Marcos 12:28-30).*

---

26. La *Tora* consiste de los primeros cinco libros de la Biblia: Génesis, Éxodo, Levítico, Números y Deuteronomio. El nombre árabe para la *Tora* es *Taurat*.
27. Mesías es el término semítico para el griego *Kristós* o Cristo. Mesías o Cristo significa «el ungido». Como el árabe es una lengua semita, la mayoría de los musulmanes están más familiarizados con el término Mesías que con Cristo. Por esta razón nos referiremos generalmente a Cristo con su título semítico: Mesías.

Tanto la *Tora* del profeta Moisés, como el Evangelio *(Inyil)* de Jesús el Mesías concuerdan que Dios es uno. Se nos ordena amar a ese Dios único. Dios tiene el derecho de exigir nuestra lealtad suprema.

Lo que Dios no es

¿Por qué tiene Dios el derecho de exigir nuestra lealtad y amor supremos? Dios tiene este derecho debido a quién es él. ¿Pero quién es Dios? Para comprender a Dios, tal como se revela en la Biblia, es útil primero observar algunos negativos. ¿Qué no es verdad acerca de Dios?

Primero, Dios no es un invento de la mente humana. Él no es creación de la humanidad. No es, como algunos psicólogos sugieren, una psico-proyección de la mente. Según la Biblia, todos los dioses que humanos inventan son falsos. La Biblia llama a todos los dioses hechos por hombres, dioses falsos o imágenes *(Oseas 13:2-3)*. El Dios único y verdadero no puede ser creado por humanos, porque solo Dios es el Creador.

Segundo, Dios no es de ninguna manera parte de la naturaleza. Dios creó el mundo. Ningún aspecto del universo es Dios; él trasciende la Creación. Esta es una de las razones por las que la Biblia condena adorar imágenes. Ningún aspecto de la Creación es digno de adorar. Solo Dios el Creador merece nuestra lealtad y adoración (Éxodo 20:4-6).

Tercero, Dios no es un principio filosófico. Los filósofos con frecuencia se ocupan con pruebas que demuestren la existencia de Dios. Mucha de la filosofía occidental y oriental se ocupa de cuestiones respecto al principio unificador del universo. Los humanos especulan sobre si hay o no hay un Dios. La Biblia no tiene nada de esto. El Dios revelado en la Biblia es el que viene a nuestro encuentro. Él es conocido, no mediante la filosofía humana, sino por lo que él hace. Es Dios quien toma la iniciativa de revelarse a la humanidad. Eso es teología bíblica.

Dios está activo

Si Dios es conocido por lo que hace, ¿qué es lo que ha hecho? Examinaremos esto con más detenimiento en capítulos posteriores, sin embargo veamos brevemente tres esferas importantes de la acción de Dios.

Primero, Dios ha actuado como Creador. Dios es el origen de todo. Antes que existiera la Creación, Dios ya existía.

Él es quien ha originado todo, visible e invisible. Uno de los nombres que la Biblia usa para referirse a Dios el Creador de la humanidad es «Padre». Dios el Padre cuida de su Creación y muy especialmente de la humanidad. Dios no ha abandonado el universo. Él siempre está presente para conservar y guardar lo que ha creado. Dios crea y conserva el universo.

Segundo, Dios ha actuado al revelarse de tanto en tanto a los profetas. Dios ha guiado a los profetas (o los discípulos de éstos) a escribir las revelaciones. De esta manera se formaron las Sagradas Escrituras. Los profetas algunas veces dieron testimonio que «el Espíritu» vino sobre ellos, y luego profetizaron *(Ezequiel 2:2, Números 11:26-30, Zacarías 7:12)*. Como el que revela su palabra por boca de los profetas, a Dios frecuentemente se le llama Espíritu.

Tercero, Dios también ha actuado en la historia. Sus hechos en la historia fueron especialmente evidentes al pueblo de fe que participó en la bíblica comunidad del pacto (Salmo 78:1-72). El testimonio cristiano es que el acto más dramático y definitivo de Dios en la historia fue la venida del Mesías, Jesús. Por medio del Mesías, Dios se reveló de forma especial como Salvador *(Mateo 1:21)*.

Dios es amor

En capítulos posteriores abordaremos con más detalle el testimonio cristiano referente a Jesús el Mesías. Por ahora solo destacaremos que la irrupción del evento del Mesías en la historia es de crucial importancia para la comprensión cristiana de Dios como el que ama la humanidad de forma tan profunda que realmente sufre cuando hacemos el mal. Mediante la acción de Dios en Jesús el Mesías, la iglesia cristiana reconoce de una manera especial y maravillosa la asombrosa afirmación que Dios ama a los humanos. Esta afirmación es el meollo de todo lo que los cristianos creen y testifican acerca de Dios.

Los cristianos creen que por medio de la revelación de Dios en Jesús el Mesías, todas las dimensiones de la revelación de Dios a través de la naturaleza, los profetas, o la historia fueron completadas. Por medio de Jesús reconocemos, de una manera especial y específica, que la revelación de Dios a la humanidad es un drama de amor desinteresado. Esta es la clave para entender a Dios como el Padre Creador, a Dios como el Espíritu que se revela por medio de los profetas, y a Dios como el Salvador que actúa en la historia *(Lucas 5:32)*. El apóstol Juan, uno de los discípulos más cercanos al Mesías, lo expresa de una manera simple y profunda: «Dios es amor» (1 Juan 4:16).

El amor de Dios es la fuente de la vida y la verdad de la cual procede el testimonio cristiano acerca de Dios. Los cristianos tratan de expresar en palabras y hechos el amor que han experimentado, aún sabiendo que lo que dicen y hacen no es un testimonio adecuado. ¿Cómo puede un testimonio cristiano realmente comunicar la maravilla, el misterio y la unidad de Dios como Creador, Espíritu y Salvador? ¿Cómo se puede expresar la realidad de que Dios ama totalmente, que la misma esencia de Dios es amor, que aún dentro de Dios mismo existe una comunión continua y eterna de amor desinteresado, que la misma unidad de Dios está atada en su amor eterno y desinteresado? El testimonio cristiano es que Dios es uno porque es amor. El único Dios verdadero, que se revela como Creador, Espíritu y Salvador, es una unidad perfecta de amor desinteresado *(Juan 17:22)*.

Aunque la Biblia no usa el término, más tarde en la historia de la iglesia los cristianos empezaron a usar la palabra *Trinidad* para intentar expresar en lenguaje humano el misterio de la perfecta unidad y el perfecto amor de Dios. Tertuliano, a principios del siglo III en el norte de África, fue probablemente el primer líder de la iglesia que usó el término Trinidad. Hoy día se usa en la iglesia para expresar el testimonio bíblico que solo hay un Dios cuya misma esencia es el amor redentor. El concepto de la Trinidad no significa que hay tres dioses. ¡Jamás! Es una forma simple pero profunda de decir que hay un solo Dios verdadero que se ha revelado por lo que ha hecho como Creador, Salvador y Espíritu. Este Dios único, verdadero y eterno es amor. Desborda de amor y se da a sí mismo en amor por la humanidad.

Dios es un misterio
Es imposible expresar adecuadamente el misterio de Dios como Trinidad. Todos los ejemplos de lo que significa parecen poco propicios. No obstante, el testimonio cristiano intenta interpretar el misterio de Dios como Creador, Salvador y Espíritu. Algunos usan la analogía de una persona, que es mente, cuerpo y espíritu. Estas tres dimensiones de la persona forman una unidad perfecta. Tu mente, cuerpo y espíritu están unidas en una persona, sin embargo estas tres cualidades de tu

personalidad se expresan de forma diferente. Confeccionas cosas con tus manos. Resuelves problemas con la mente. Tu espíritu se expresa a través de tu personalidad. Estas son tres dimensiones de ti, en una persona.

Los cristianos reconocemos que no es sabio intentar explicar a Dios. Necesitamos recordar que ninguna analogía respecto a Dios es totalmente correcta. Nadie ha visto a Dios. Él sigue siendo un misterio. Nuestros intentos para explicar a Dios nunca son adecuados. El término Trinidad es un ejemplo de la inhabilidad del lenguaje humano para expresar adecuadamente el misterio de Dios, quien es uno y quien es amor.

Dios de pacto

Sin embargo, aunque Dios es un misterio, no es desconocido. El testimonio bíblico es que Dios se nos ha dado a conocer. Hemos mencionado que Dios se ha revelado por medio de sus hechos en la historia y especialmente en su relación de pacto con el pueblo de la fe. Estando en pacto[28] con Dios es que experimentamos su amor redentor de la forma más perfecta.

La relación del pacto de Dios con los humanos comenzó en el jardín del Edén cuando Dios hizo un pacto con Adán y Eva. Les ordenó cultivar el jardín y tener hijos. Adán y Eva rompieron ese primer pacto entre Dios y la humanidad *(Génesis 1:28; 3:24).* Después de eso, el relato bíblico revela reiteradas iniciativas de Dios para renovar un pacto con la humanidad. Noé, Abraham, Isaac, Jacob, Moisés, David y otros fueron invitados por Dios a participar en una relación de pacto con él.

La iniciativa de Dios en el pacto con el profeta Moisés es especialmente significativa. En el libro de Éxodo de la *Tora*, en la Biblia, leemos que el pueblo hebreo, descendientes de Abraham, habían sido esclavizados por Faraón. Dios apareció a Moisés en la zarza ardiente y le ordenó liberar a los hebreos del yugo de Faraón. Moisés vaciló, temía ser inadecuado. Finalmente preguntó a Dios: «¿Cuál es tu nombre?» Dios le contestó: «YO SOY EL QUE SOY. Así dirás a los hijos de Israel: YO SOY me ha enviado a vosotros» *(Éxodo 3:13-15).*

Moisés obedeció a Dios y se convirtió en el líder del pueblo hebreo, liberándolos Dios de la horrible esclavitud bajo Faraón. Esta historia se describe de forma maravillosa en el libro de Éxodo.

---

28. Un pacto es un acuerdo solemne entre dos o más personas que nunca debe ser quebrantado. En la Biblia aprendemos que Dios invita a las personas a entrar en un pacto de bendición con Él.

¿Cuál es la relevancia del nuevo nombre que Dios reveló al profeta Moisés en la zarza ardiente? Dios se había revelado al profeta Abraham como *Elohim* o Alá, que se traduce Dios Todopoderoso.[29] Ese es el nombre de Dios usado por Abraham, pero a Moisés, el gran profeta de la *Tora*, Dios se revela como YO SOY *(Éxodo 6:2-3)*. El término hebreo para YO SOY es Yahvé. ¿Cuál es la importancia de Dios como Yahvé?

Dios como Yahvé se revela a sí mismo como el que se encuentra con las personas de manera redentora. Invita a las personas a participar en una relación salvífica de pacto con Él mismo. Él es el Dios del pacto. Después de liberarlos de la esclavitud bajo Faraón, Dios Yahvé mismo se encontró con toda la nación hebrea en el Monte Sinaí en el desierto. La *Tora* describe cómo Yahvé se encontró con ellos en los truenos, relámpagos, nubes espesas, fuego, humo, terremoto y sonido de trompeta. El pueblo temió y tembló ante el poder y la santidad de Dios Yahvé.

Dios habló desde la montaña y les dio los Diez Mandamientos, una guía maravillosa para una vida justa y gozosa. También invitó al pueblo a convertirse en su pueblo del pacto. Les prometió que si respondían en fe y obediencia a él, sería su Padre. Los bendeciría, cuidaría y salvaría. Dios como Yahvé es el Dios del pacto *(Éxodo 19:16-20, 26)*.

Yahvé no es distante ni desconocido. No es indiferente a nuestras necesidades. Le apena nuestro pecado y rebeldía. Quiere salvarnos, perdonar nuestro pecado y bendecirnos con su amor y su gracia. Es por esto que Yahvé quiere una relación de pacto con las personas. Porque Yahvé es amor, él mismo toma la iniciativa de entrar en un pacto con las personas. Se revela como el que nos encuentra con su mandato e invitación para convertirnos en su pueblo del pacto. Las personas en la iglesia cristiana hoy día son aquellos que han respondido a la invitación de Dios para ser su pueblo del pacto.

En una relación de pacto con Dios Yahvé aprendemos que él es recto, él es amor, él es justo, Él es santo y nunca podrá aceptar lo que es malo o pecaminoso. Debido a que nos ama y quiere salvarnos del mal, Dios Yahvé nos invita a una relación de pacto con él. Aprendemos a conocer a Dios cuando respondemos en fe y arrepentimiento a su invitación de pacto.

---

29. Elohim y Alá se derivan de la misma raíz semítica: *El.*

Resumen

El testimonio de la Biblia y de la iglesia cristiana es que Dios, quien es amor, invita a toda la humanidad a una relación de pacto con él. Conforme respondemos en fe a Dios, aprendemos a conocerle como nuestro amoroso Padre celestial que nos salva y nos bendice.

Una respuesta musulmana

Cuando cristianos y musulmanes hablan sobre Dios, están hablando del mismo Dios, aunque sus testimonios acerca de Dios puedan ser bastante diferentes. Cuando hablan de Dios, Alá, Yahvé o *Elohim*, se refieren al Dios único, el Creador, el amante, el justo, el santo, el misericordioso, el viviente y eterno, el sabio y conocedor. Sin embargo, el testimonio cristiano enfatiza la auto-revelación de Dios (de ahí la «Trinidad») mientras que en el islam es la voluntad y dirección de Dios la que se revela.

Los roles del profeta en el islam y de Jesucristo en el cristianismo son diferentes, pero al mismo tiempo, como mensajeros del único Dios verdadero, tienen muchas cosas en común. El testimonio cristiano afirmando que el acto más dramático y definitivo de Dios en la historia humana es la venida del Mesías, Jesucristo, difiere bastante de la perspectiva musulmana que cree firmemente que el ser divino es Dios mismo, no su encarnación en la historia. Dios, según el testimonio musulmán, es absoluto y trascendente.

El testimonio cristiano de Dios como «Padre» es también bastante diferente del testimonio musulmán. De acuerdo a las enseñanzas verdaderas del islam, no se debe concebir a Dios como teniendo forma o atributos humanos. Él es uno en diseño y existencia. Está por encima de todos los demás atributos. Dado que Él es uno y solo uno, un musulmán no puede invocar a Dios en el nombre del Padre, el Hijo o el Espíritu Santo. Todos los atributos divinos están tan bien entretejidos en su perfecta unidad.

Una aclaración cristiana

Cuando los cristianos se refieren a Dios como el Padre, no deben pensar en Dios como si fuera humano. Los cristianos comparten con los musulmanes la prohibición de concebir a Dios en forma de una imagen. Dios como Padre se refiere, más bien, a una relación. Dios como Padre y la humanidad como hijos e hijas del Padre celestial es, desde una perspectiva cristiana, una descripción del pacto y la relación de comunión entre Dios y la humanidad.

> *Del SEÑOR es la tierra y todo lo que hay en ella; el mundo y los que en él habitan. (Salmo 24:1).*

14

La Creación

La perspectiva cristiana

En el principio creó Dios los cielos y la tierra» *(Génesis 1:1)*. Esta es la primera oración de la Biblia, el primer versículo de la *Tora* del profeta Moisés.

La perspectiva cristiana de la naturaleza está basada en el testimonio bíblico acerca de la Creación, que está registrado en Génesis, los capítulos uno, dos y tres, y confirmado a través de toda la Biblia. Estos primeros capítulos de la *Tora* dan el marco de referencia fundamental para todo lo que se dice a posteriori en referencia a la naturaleza. Consecuentemente, nos valdremos principalmente de los tres primeros capítulos de Génesis para nuestra discusión sobre la perspectiva cristiana de la naturaleza.

La Creación y su desarrollo

Comentaremos cuatros aspectos de la historia de la Creación.

Primero, leemos que Dios es el Creador. Esto es profundo. Significa que el universo pertenece a Dios. Él lo formó y lo cuida. Vivimos en la tierra de Dios. Dado que él está constantemente preocupado por la tierra que creó, se nos invita a orar a él cuando, por ejemplo, no llegan las lluvias. Debemos trabajar con él cuando sí llegan. Él ha creado y también cuida y conserva lo que ha formado. Los teólogos hablan de la inmanencia de Dios cuando consideran su presencia en y cuidado por la Creación.

Como Creador, Dios es diferente a la tierra. Si no existiera el universo, Dios aún estaría presente. Ninguna parte del universo o de la tierra es en ningún sentido deidad. Algunas personas piensan que los árboles son deidad; adoran a los árboles. Muchos creen que las montañas son deidad; oran a las montañas. Algunas personas adoran a ciertos animales. Esto no es bíblico. La Biblia insiste que la naturaleza no es en ningún sentido deidad.

Es por esto que muchos de los profetas hebreos predicaron en contra de la práctica de adoración en «los lugares altos». La gente asociaba los montes con deidades; pensaban que en los montes podían tener un contacto especial con Dios o los dioses. Los profetas declararon que eso está mal. Dios, que creó el universo, no puede ser asociado con nada que él ha creado, porque él es diferente de su creación. Los teólogos llaman esto la trascendencia de Dios. Dios como Creador es inmanente y trascendente.

Segundo, aunque Dios es diferente a su creación, es una creación buena. En Génesis, capítulo uno, leemos que después de cada uno de los seis pasos de la Creación, Dios dijo que «era bueno». Después de crear al hombre Dios dijo que «era muy bueno» *(Génesis 1:31)*. ¡La tierra es buena!

Algunos filósofos, como los antiguos griegos o algunos maestros orientales modernos, creen que la tierra material no es buena. Solo el espíritu es bueno. Esta no es la perspectiva bíblica. El testimonio bíblico es que la tierra con los seres humanos es muy buena. Debe ser disfrutada. La salida y la puesta de sol; la lluvia y los tiempos de sequía; los árboles, las plantas y los pastos; las estaciones cambiantes; las estrellas, la luna y el sol; la suave brisa del viento; la tierra fértil y las arenas del desierto. Todas son buenas. Dios quiere que disfrutemos de su creación y que demos gracias por ella. Leemos en las Escrituras que Dios «nos da todas las cosas en abundancia para que las disfrutemos» *(1 Timoteo 6:17)*.

Tercero, la tierra es comprensible. En Génesis, capítulo uno, se describe una progresión ordenada en la Creación. Dios creó de una manera lógica, paso a paso. Dios creó la luz, el cielo, la tierra y el mar; las plantas; los ciclos del día y la noche, y del año con las diversas funciones del sol, la luna y las estrellas; vida marina y las aves; todas las formas de animales terrestres; y finalmente, al ser humano. Esta progresión se describe en un desarrollo de seis fases; cada uno de los seis días de la Creación fue una preparación para la siguiente fase. Estos seis días de la Creación son señales del orden en la Creación. Es un universo ordenado y comprensible.

Hemos observado tres hechos básicos que conciernen la perspectiva cristiana de la Creación. Primero, Dios es diferente a su creación. Segundo, es una creación buena. Tercero, es una creación ordenada y comprensible.

Nuestra cuarta observación se refiere al rol de los seres humanos en la Creación. Dios colocó a Adán y Eva sobre esta tierra maravillosa. Los puso en el jardín de Edén y les dio el privilegio de disfrutar del mismo. Les dijo: «He aquí, yo os he dado toda planta que da semilla que hay en la superficie de toda la tierra, y todo árbol que tiene fruto que da semilla; esto os servirá de alimento» *(Génesis 1:29)*. ¡Dios dio responsabilidades específicas a Adán y Eva! Ellos debían «sojuzgar» la tierra y ejercer «dominio» sobre ella *(Génesis 1:28)*. ¡Se esperaba de ellos mucho más que apenas comer y dormir!

Primero, debían tener hijos; debían llenar la tierra con personas *(Génesis 1:28)*. Segundo, debían ejercer dominio sobre la tierra y sojuzgarla (v. 28). Tercero, los seres humanos debían labrar la tierra y mantener el jardín (v. 2:15). Cuarto, debían ponerle nombre a los animales (v. 2:19). Y quinto, se les prohibió comer del árbol del conocimiento del bien y del mal (vv. 2:16-17). Estos mandatos son muy significativos. Nos revelan las intenciones de Dios para la naturaleza.

Todos los mandatos de Dios a Adán y Eva son seculares: son en referencia a lo que los humanos deben hacer con la tierra. Estos mandatos nos muestran que las personas deben usar la tierra para el bien de la humanidad. También sugieren que Dios espera que Adán y Eva hagan de esta buena tierra, creada por Dios, una mejor. Notemos que Génesis nunca sugiere que Dios creó una tierra perfecta. La tierra era «buena». Sin embargo, cuando la humanidad fue creada, Dios dijo entonces que era «muy buena».

Antes que los seres humanos fueran creados, la tierra era buena; después de su creación se volvió muy buena. Esto sugiere dos cosas:

1. La creación de seres humanos contribuye a que la tierra se torne mejor de lo que era antes que fueran creados.

2. La tierra «buena» o «muy buena» no era perfecta. Existe la posibilidad de mejorar la tierra.

En otras palabras, la creación de Adán y Eva y los mandatos seculares de Dios hacia ellos se relacionan directamente con lograr que la tierra se vuelva un lugar mejor. Dios invita a las personas a participar con él en cuidar de la tierra y mejorarla.

En términos modernos diríamos que Dios ha ordenado que los humanos participen en «desarrollo» y «progreso». Aprender mejores técnicas de agricultura, construir carreteras y fábricas y ciudades, descubrir las causas de las enfermedades y usar medicina moderna para ayudar a tratarlas, controlar el tamaño de la familia para que los niños tengan una buena oportunidad de ir a la escuela y que podamos proveerles comida suficiente para una vida sana, extraer minerales de la tierra, buscar petróleo en el mar y en los desiertos, criar cabras o camellos de mejor calidad —estos son todos ejemplos de personas cumpliendo el mandato de Dios—. Por medio de estas actividades, nosotros, hijos e hijas de Adán y Eva, sojuzgamos y labramos la tierra, cuidamos el jardín; en resumen, usamos la tierra para el beneficio de la humanidad y lo hacemos un mejor lugar donde vivir.

Estos conceptos de desarrollo, progreso, o dominio sobre la naturaleza descansan sobre las cuatro bases teológicas de la historia de la Creación:

1. Dios es diferente a la naturaleza.
2. La naturaleza es comprensible.
3. La naturaleza es buena.
4. La humanidad debe sojuzgar la naturaleza.

Estos principios son los cuatro fundamentos de la perspectiva cristiana del desarrollo. Porque Dios es diferente a la naturaleza, no tememos que un dios saltará de un árbol y nos morderá cuando talamos un árbol, o que una deidad nos azotará con una plaga cuando dinamitamos la roca de granito de una ladera. Porque la naturaleza ha sido formada de una manera racional por Dios, que es confiable y fidedigno, tenemos la certeza de que podemos entender hasta cierto punto los misterios de cómo Dios creó la naturaleza. La investigación científica, que estudia las leyes de la naturaleza, es una forma de obedecer el mandato de Dios de sojuzgar y tener dominio sobre la naturaleza. Debido a que la naturaleza es buena y que Dios ha ordenado al hombre sojuzgar la tierra, experimentamos gran gozo cuando entendemos la naturaleza y la usamos para el beneficio de las personas. Estos son los principios fundamentales de la perspectiva cristiana sobre la tecnología y el desarrollo económico.

Egoísmo y orgullo

Sin embargo, el cristiano no puede detenerse aquí. La Biblia también tiene una nota seria de advertencia. A Adán y Eva también se les ordenó que no comieran del árbol del conocimiento del bien y del mal. Ese árbol en medio del jardín del Edén era una señal de la posibilidad de usar la naturaleza irresponsablemente, o sea de usar los dones de Dios de forma egoísta, orgullosa y sin ningún sentido de responsabilidad hacia Dios o hacia nuestro prójimo.

Existen muchos ejemplos modernos del árbol en el jardín. Quizás un agricultor ara tierra en la ladera de una colina. Cuando llegan las lluvias, existe riesgo de erosión. El granjero podría decir que como esa tierra es suya, no importa lo que suceda con ella, que va a plantar como quiera, y que no va a arar o cultivar de una manera que evite la erosión de la tierra. Como resultado, después de veinte años la tierra ha sido erosionada y su granja no sirve más para nada. Sus hijos no pueden usar la tierra porque él sembró de forma irresponsable y egoísta. Actuó orgullosa e independientemente; ahora su granja se ha estropeado y él y su familia se han vuelto pobres.

El árbol del conocimiento del bien y del mal es una señal de Dios que significa que, aunque se nos ha dado la tierra para sojuzgarla, debemos vivir con humildad. No podemos volvernos egoístas y orgullosos y usar la naturaleza de forma destructiva. No debemos usar toda la fruta del jardín para nosotros solos. Debemos compartir con otros los buenos dones de la naturaleza.

El árbol es una señal de que necesitamos reconocer a Dios en todos nuestros esfuerzos por el desarrollo. La tierra pertenece a Dios, no a nosotros. Dios nos ha dado la tierra para sojuzgarla en bien de la humanidad, pero siempre debemos recordar que la tierra es un regalo maravilloso de Dios. Tenemos que usar esta buena tierra como fieles mayordomos. Necesitamos respetar las órdenes negativas de Dios al igual que las afirmativas. Aunque nos ha ordenado sojuzgar la tierra, debemos recordar que él ha ordenado a Adán y Eva no comer de aquel árbol. Ese árbol es una señal de que siempre debemos reconocer nuestra dependencia de Dios y nunca pretender vivir independientes de él.

Sin embargo, Adán y Eva desobedecieron a Dios. Tomaron del fruto del árbol del conocimiento del bien y del mal. Al tomar de ese fruto declararon su independencia de Dios. Estaban diciendo que querían ser como Dios. Querían usar todo el fruto de la naturaleza de manera egoísta e independiente de Dios *(Génesis 3:1-7)*.

Debido a que Adán y Eva se rebelaron contra Dios, la naturaleza se volvió menos buena de lo que había sido. De hecho, Dios «maldijo» la tierra *(Génesis 3:14-24)*. La tierra produjo espinos y cardos. El trabajo, que debería ser una bendición, se convirtió en fastidio. Del «sudor de su frente» la gente se ganaría la vida. ¡La tarea de sojuzgar la tierra se hizo mucho más difícil porque los seres humanos habían dado la espalda a Dios!

En la Biblia, los desastres naturales como la sequía, con frecuencia son interpretados como castigo o recordatorio de Dios que necesitamos depender de él y agradecerle por todos las buenas dádivas de la naturaleza. Aunque el hombre moderno ha logrado grandes avances científicos, los desastres naturales siempre nos recuerdan que no tenemos el control de la naturaleza. Dios es el Señor de la naturaleza. Nuestra habilidad para controlar y usar la naturaleza para el bien de la humanidad depende de Dios. Aunque Dios nos manda comprometernos con el desarrollo económico y tecnológico, necesitamos reconocer que el orgullo y el egoísmo distorsionan y destruyen. Cuando vivimos independientes de Dios, nuestros logros se convierten en maldiciones en vez de bendiciones.

Resumen

Hemos aprendido que los cristianos creen que la tierra es el buen regalo de Dios a los humanos. Él nos ordena usar la tierra de forma responsable para el gozo y el bienestar de la humanidad, pero nuestro egoísmo y orgullo distorsionan y destruyen el verdadero y gozoso desarrollo de la tierra.

Una respuesta musulmana

Los musulmanes, como los cristianos, testifican que Dios es el Creador. Como Creador, es diferente a la Creación. Él no es la naturaleza; está por encima y más allá de su creación (es trascendente). Los musulmanes creen que la Creación de Dios es perfecta.

Los musulmanes también creen que Adán fue el primer hombre creado y que Dios lo envió a la tierra para ser su vicegerente. Una esposa, Haua (Eva), fue creada para Adán de una naturaleza similar para consolarlo. Antes que Adán y Eva fueran enviados a descender a la tierra, Alá les ordenó vivir en el jardín celestial (paraíso) y comer libremente de todos los frutos del jardín. Se les prohibió, sin embargo, acercarse al árbol vedado.[30] Satanás los atrajo y los tentó para que comieran del fruto del árbol prohibido.

---

30.   Este árbol no se especifica en el Corán y carece de nombre. Algunos comentaristas piensan que era el árbol del mal.

Por lo tanto, Alá los expulsó del jardín. Dios los envió a la tierra donde se les dio el puesto honorable de vicegerente de Dios en la tierra. «¡Descended! Seréis enemigos unos de otros. La tierra será por algún tiempo vuestra morada y lugar de disfrute» (2:36). De esta aleya podemos decir que el testimonio musulmán, a diferencia del cristiano, es que el jardín del Edén dado a Adán y Eva no estaba sobre la tierra.

Los musulmanes, de forma similar, no están de acuerdo con la perspectiva cristiana que Dios «maldijo» la tierra *(Génesis 3:14-24).* Todo lo que Dios le dice al hombre en relación al suelo después del descenso de Adán a la tierra es lo siguiente: «En ella viviréis, en ella moriréis y de ella se os sacará» (7:25).

Una aclaración cristiana

La referencia bíblica sobre la maldición de la tierra después de la caída del hombre es primordialmente una descripción de relaciones rotas e inapropiadas entre los humanos y la naturaleza. Es significativo que el texto dice que la tierra sería maldita «por tu causa» *(Génesis 3:17).* Ciertamente el uso egoísta y expoliador de la naturaleza por los humanos es una maldición sobre la naturaleza. En otras citas la Biblia describe, de forma dramática, a la naturaleza como gimiendo hasta que la humanidad sea totalmente redimida del pecado *(Romanos 8:19-23).*

15

Adán y Eva

La creencia cristiana

Entonces dijo Dios: Hagamos al hombre a nuestra imagen, conforme a nuestra semejanza; y señoree en los peces del mar, en las aves de los cielos, en las bestias, en toda la tierra, y en todo animal que se arrastra sobre la tierra. Y creó Dios la hombre a su imagen, a imagen de Dios lo creó; varón y hembra los creó. Y los bendijo Dios... *(Génesis 1:26-28)*

En el siguiente capítulo leemos que Dios el Señor sopló en el hombre «aliento de vida, y fue el hombre un ser viviente» *(Génesis 2:7).*

La imagen y semejanza de Dios

Estas son las primeras referencias a la humanidad en la Biblia. Este es el testimonio de los primeros dos capítulos de la *Tora* del profeta Moisés. ¡Las personas han sido creadas a imagen y semejanza de Dios! Los seres humanos tienen almas vivientes. Dios sopló en las personas aliento de vida. ¿Qué significa esto?

Las personas son almas vivientes creadas a imagen y semejanza de Dios, pero esto no significa que ellos tengan algún parecido físico con Dios o que Dios tenga forma o características humanas. Sugiere más bien una importante realidad espiritual; los seres humanos son capaces de entablar una profunda relación de pacto con Dios.

Necesitamos escuchar el testimonio de Biblia como un todo para comprender la realidad de seres humanos creados a imagen y semejanza de Dios. Gran parte del resto de la Biblia es realmente un desarrollo mayor del profundo significado interno de personas creadas a imagen y semejanza de Dios, de personas como almas vivientes que han recibido el aliento de vida de parte de Dios. Solo podemos tocar la superficie en este capítulo, pero abordaremos las dimensiones más importantes de esta enseñanza bíblica.

Primero, observemos que ambos, hombre y mujer, fueron creados a imagen y semejanza de Dios *(Génesis 1:27)*. La mujer es tan importante como el hombre. Son igualmente importante e igualmente humanos. Todos los seres humanos, tanto hombre como mujer, llevan la semejanza de Dios.

Segundo, nuestra semejanza a Dios significa que podemos empezar a entender la Creación. En el capítulo anterior aprendimos que Dios ordenó a los seres humanos tener dominio sobre la tierra. Notamos que esto incluye la habilidad para estudiar y comprender las maravillosas leyes de la naturaleza. Es increíble que la mente humana pueda empezar a comprender la complejidad de las leyes de la genética y de los caracteres hereditarios, o que podamos usar las leyes de la gravedad, impulso e inercia de forma tan eficaz que podamos viajar a la luna. Estos son logros muy complejos.

Igualmente significativa es nuestra habilidad para construir casas para vivir; sembrar huertos para comer; cuidar nuestro ganado, llevándolo al pasto correcto para que den la máxima cantidad de leche posible. Los seres humanos a semejanza de Dios entienden aspectos de la maravillosa creación de Dios y también saben cómo usarla para construirse vidas mejores.

Tercero, somos seres culturales. Los animales no crean una cultura. Los animales obran por instinto o conducta aprendida, pero las personas crean culturas, muy variada por cierto. Todos los perros alrededor del mundo ladran de forma similar, pero los idiomas humanos tienen una diversidad inmensa. El lenguaje es un aspecto importante de la cultura creado por la sociedad humana. De forma similar, las personas viven en una gran variedad de casas, crean una gran diversidad de ropa, y cocinan miles de comidas diferentes. ¡La naturaleza nos muestra que también Dios es creador de una muchísima diversidad! Por ejemplo, ningún ser humano es idéntico a otro. Nuestra creatividad cultural es una dimensión de nuestra semejanza a Dios.

Cuarto, sabemos diferenciar entre el bien y el mal. Los humanos son seres morales; no actuamos principalmente por instinto, como los animales. El sentido de lo bueno y lo malo está profundamente arraigado en nuestras conciencias. Aunque las culturas humanas varíen grandemente, en todo el mundo existe el sentido profundo del bien y el mal. Por ejemplo, aunque algunas expresiones culturales específicas son diferentes, las personas por todo el mundo parecieran ser conscientes que matar a un semejante no es correcto. Esta conciencia moral es un aspecto importante de haber sido creados a la imagen de Dios.

Quinto, tenemos conciencia que deberíamos llegar a ser mejores personas. En todas las culturas pareciera haber un sentido de que no son tan buenos, o quizás cabría decir tan humanos, como deberían serlo. Esto es nuestra semejanza a Dios dando testimonio en nuestras conciencias. Es una persistente voz interna de que deberíamos ser mejores personas, que no siempre hacemos lo que sabemos que deberíamos hacer, que realmente debemos ser más amables, valientes, honestos, confiables —más parecidos a Dios—. La conciencia, esa voz que nos llama a ser mejores, es el sello de la imagen de Dios grabada en lo profundo de nuestro espíritu. Es un llamado a crecer, a volvernos mejores personas.

Sexto, sociedades humanas en todo el mundo tienen cierta noción que los humanos son inmortales. Sabemos que la muerte no es el fin de la existencia personal; hay vida después de la muerte. Este es un aspecto significativo de haber sido creados a la imagen de Dios. Dios es eterno. De forma similar, Dios ha determinado, por su gracia, que no desapareceremos cuando nuestros cuerpos mueran. Dios ha determinado que las personas, que él creó a su imagen y semejanza, experimentarán eternidad e inmortalidad. Hablaremos más sobre esto en un capítulo posterior.

Séptimo, la imagen de Dios significa que podemos tener comunión con nuestro prójimo y con Dios. El habla es muy importante en la experiencia de la comunión; es evidencia de que somos personas y que deseamos relacionarnos con otros de forma profunda y personal. Dios también desea tener comunión con nosotros. Dios no puede tener comunión con animales porque no son personas; ellos no fueron creados a imagen de Dios. Las personas son diferentes; son criaturas relacionales, son humanos. Han sido creados a imagen y semejanza de Dios.

Los primeros capítulos de Génesis describen a Adán y Eva disfrutando bendecida comunión con Dios. Dios hablaba con ellos. Conversaba con ellos en el fresco de la tarde. Esto es lo que Dios quiere para los humanos. Él desea relacionarse con el ser humano en una comunión personal y gozosa. Es por eso que Dios nos invita a una relación de pacto con Él. El pacto entre Dios y las personas es una relación de comunión que la Biblia asemeja a la que existe entre un padre y sus hijos. De hecho, este es el aspecto central de haber sido creado a la imagen y semejanza de Dios. Somos hijos amados de Dios. Dios es nuestro Padre celestial *(Deuteronomio 32:6; Salmo 103:13; Jeremías 31:9; Romanos 8:14, 17).*

La Biblia enseña que encontramos nuestra verdadera humanidad en una profunda y significativa relación de pacto con Dios. Somos verdaderamente humanos cuando vivimos en una relación correcta y gozosa con Dios. Cuando se erosiona nuestra lealtad y amor hacia Dios, cuando damos la espalda a Dios y dedicamos nuestras vidas a dioses falsos, cuando empezamos a vivir independientes de Dios, es ahí cuando nuestra humanidad se distorsiona y corrompe.

El matrimonio es una señal de la relación de pacto con Dios. En Génesis, capítulo dos, leemos que después que Dios creó a Eva de una costilla del costado de Adán, él la aceptó con gozo como su esposa y dijo: «Esta es ahora hueso de mis huesos, y carne de mi carne; ella será llamada mujer, porque del hombre fue tomada». El relato sigue diciendo: «Por tanto el hombre dejará a su padre y a su madre y se unirá a su mujer, y serán una sola carne. Y estaban ambos desnudos, el hombre y su mujer, y no se avergonzaban» *(Génesis 2:23-25).*

Por esta razón, los cristianos no aceptamos la poligamia como la forma ideal de Dios para el matrimonio. En este primer registro sobre el matrimonio en la Biblia leemos que en el matrimonio el hombre y la mujer se convierten en una sola carne. Cuando un hombre tiene más de una esposa, las lealtades están divididas. Lealtades divididas distorsionan y corrompen la unidad de una sola carne que Dios quiere entre un hombre y una mujer.

De manera muy similar, cuando damos nuestra lealtad principal a cualquier otra autoridad que no sea Dios, nuestra relación con Dios se distorsiona y corrompe. La comunión verdadera con Dios involucra un compromiso total con Él, de la misma forma que comunión verdadera en el matrimonio exige un compromiso total y exclusivo con el o la cónyuge *(Oseas 2:14-3:5).*

El pecado de la humanidad

Trágicamente, Adán y Eva no continuaron dando a Dios su lealtad primordial. Le dieron la espalda. Escucharon la voz de la serpiente, que es un símbolo de Satanás. Tomaron y comieron del fruto del árbol del conocimiento del bien y del mal, lo cual Dios estrictamente les había prohibido. Al comer de ese fruto, Adán y Eva declararon su independencia de Dios. La Biblia dice que tomaron el fruto porque quisieron ser «como Dios». Eso es rebeldía; es una declaración de orgullo y egoísmo *(Génesis 3:17)*.

El testimonio de la Biblia es que este acto de rebeldía de nuestros primeros padres distorsionó y estropeó seria y trágicamente a la humanidad creada a la imagen de Dios.

Aunque quedan vestigios de la imagen de Dios, la humanidad, de forma colectiva, se ha apartado de Dios y el pecado nos ha permeado individual y colectivamente. Nuestra pecaminosidad es un cáncer que destruye *(Romanos 3:23)*.

La rebelión de la humanidad contra Dios empezó en los orígenes de la historia humana. Adán y Eva, los primeros padres de la humanidad, dieron la espalda a Dios; rompieron el pacto maravilloso de Dios con ellos. Esa misma tarde, después que comieron el fruto del árbol, Dios apareció en el jardín para hablar con Adán y Eva, pero ellos se habían escondido detrás de los arbustos, atemorizados y avergonzados. Dios llamó a Adán: «¿Dónde estás tú? Y él respondió: Oí tu voz en el huerto, y tuve miedo, porque estaba desnudo; y me escondí» *(Génesis 3:9-10)*.

No fue que Dios abandonó a Adán y Eva sino que Adán y Eva se escondieron de Dios. Dios no rompió Su pacto con ellos; ellos rompieron su pacto con Dios.

Dios nunca nos abandona. Porque Él es amor, siempre nos busca y nos invita ser su pueblo del pacto. Somos nosotros los que le rechazamos y rehusamos su invitación a ser su pueblo. Esta es la historia de la humanidad —la historia de la humanidad rechazando a Dios, dándole la espalda, ¡rechazando su maravillosa invitación de volvernos parte de su comunidad de fe del pacto!

Esto nos da dos imágenes de la humanidad. Por una parte, somos creados a imagen de Dios e invitados a participar en una maravillosa relación de pacto con Él. Por otra, hemos rechazado a Dios. La raza humana está en rebelión contra Dios. Nos resulta más fácil hacer lo malo que lo bueno.

En el próximo capítulo hablaremos más sobre el entendimiento cristiano del mal y cómo permea la sociedad humana. Después veremos también el testimonio bíblico sobre el plan maravilloso de Dios para salvar a la humanidad del pecado, y la forma que Dios, por su gracia, busca recrear en nosotros su imagen que ha sido estropeada por nuestro rechazo a nuestro Padre celestial.

Una respuesta musulmana

El testimonio cristiano, que los seres humanos fueron creados «a imagen y semejanza de Dios», no es igual al testimonio musulmán. Aunque Dios sopló en los humanos su espíritu, como creemos tanto cristianos como musulmanes, para el islam las únicas cualidades divinas confiadas al ser humano, como resultado del aliento de Dios, fueron el conocimiento, la voluntad y el poder de acción. Si las personas usan estas cualidades divinas correctamente para entender a Dios y seguir su ley estrictamente, entonces no tienen nada que temer en el presente ni el futuro, y ninguna pena por el pasado.

El islam enseña, además, que los humanos fueron creados no solo como la mejor forma de toda la Creación, sino que fueron hechos califa de Dios (vicegerente) sobre la tierra. Esta dignidad es el derecho natural tanto de hombres como de mujeres, y de todo ser humano sin importar raza, lengua o cultura. La dignidad de los humanos es el privilegio supremo de ser siervos o esclavos de Alá. Es en total sumisión a la voluntad de Alá que la dignidad de la humanidad se hace más evidente. Alá dice: «Hemos creado al hombre dándole la mejor complexión. Luego, hemos hecho de él el más abyecto, excepto quienes crean y obren bien, que recibirán una recompensa ininterrumpida» (95:4-6).

El testimonio cristiano de que la rebelión de nuestros primeros padres ha distorsionado trágicamente al ser humano, y que la pecaminosidad nos permea individual y colectivamente, es muy contrario al testimonio islámico. El islam enseña que la primera fase de la vida en la tierra no empezó en pecado y rebelión contra Alá. Aunque Adán desobedeció a Alá, se arrepintió y fue perdonado y hasta se le dio dirección para la humanidad. El ser humano no nace pecador, y la doctrina de la pecaminosidad del hombre no tiene ninguna base en el islam.

Sin embargo, a pesar de la diferencia entre el cristianismo y el islam en su concepción del hombre, ambos creen que éste necesita revelación. En el islam, la revelación consiste en dirección divina para el hombre, mientras que en el cristianismo, el punto central de la revelación es la redención del pecado.

Engañoso es el corazón más que todas las cosas, y perverso;
¿quién lo conocerá? (Jeremías 17:9).

16

Pecado y maldad

La perspectiva cristiana

La maldad no proviene de Dios, Él es el Creador justo. La maldad no surge naturalmente de la tierra buena que Dios creó. No tiene nada que ver con los aspectos materiales de la Creación, como creían los antiguos filósofos griegos. Ellos pensaban que lo espiritual era bueno y lo material malo. Para ellos el mal estaba ligado a los aspectos materiales, o semejantes al cuerpo, de la Creación. La Biblia rechaza todas estas nociones sobre el origen del mal. Más aún, la maldad no es causada por la ignorancia. El conocimiento de por sí no es necesariamente bueno, como tampoco la ignorancia es necesariamente mala. Ni Dios ni su buena Creación son la causa del mal.

Según la Biblia, nos volvemos malos cuando rechazamos a Dios. Antes que Adán y Eva pecaran, ellos no experimentaron el mal, pero cuando tomaron del fruto del árbol del conocimiento del bien y del mal, inmediatamente empezaron a experimentar algo malo en sí mismos, en la relación entre ellos, en su relación con Dios, y en la buena tierra que Dios había creado para que ellos disfrutaran.

En el capítulo anterior dijimos que tomar del fruto del árbol del conocimiento del bien y del mal fue una declaración de independencia de Dios. Fue una expresión de orgullo; Adán y Eva quisieron ser «como Dios» *(Génesis 3:5)*. También fue un acto de egoísmo; querían todo el fruto del jardín para ellos solos (v. 6). Fue desobediencia. Dios les había ordenado que no comieran de ese árbol (v. 11).

Adán y Eva decidieron, ellos mismos, darle la espalda a Dios (vv. 1-7). Es verdad que Satanás estaba presente en forma de serpiente. Satanás los tentó para que comieran del fruto, pero él no era la figura central del drama. El hombre y la mujer estaban en el centro de la rebelión contra Dios. Escucharon la tentación de la serpiente y tomaron el fruto. Extendieron sus propias manos para tomar el fruto del árbol. Fue su decisión personal pecar contra Dios.

El pecado entra en el mundo por medio del mal uso de la libertad humana. Todos participamos en el pecado de la humanidad; todos hemos mal usado nuestra libertad. La Biblia dice: «Todos nosotros nos descarriamos como ovejas, cada cual se apartó por su camino» *(Isaías 53:6)*. Somos personal y colectivamente responsables.

Al comienzo de la historia humana, la humanidad le dio la espalda a Dios. No debemos culpar a Adán y Eva o a nuestros padres por nuestra pecaminosidad. Todos hemos experimentado personalmente el significado de la rebelión contra Dios. Cuando reflexionamos sobre la historia de Adán y Eva, realmente estamos reflexionando sobre nuestras propias historias también. Cada uno de nosotros estamos «destituidos de la gloria de Dios» *(Romanos 3:23)*.

Las trágicas consecuencias de esta rebelión están descritas en Génesis, capítulos tres y cuatro. La historia de Adán y Eva es la historia de cada uno de nosotros. Es la historia del hombre, la historia de la humanidad. Aquí están algunas de las consecuencias del pecado, para Adán y Eva y para cada uno de nosotros.

Primero, Adán y Eva se avergonzaron de sí mismos *(Génesis 3:7)*. Antes que se volviesen contra Dios, no se avergonzaban en la presencia del otro. No llevaban nada puesto. Tenían una relación hermosa y sin vergüenza, uno con el otro; pero después de desobedecer a Dios, empezaron a intentar esconderse. Se cosieron hojas de higuera como delantales para cubrirse. Se escondieron detrás de los arbustos del jardín. Estaban avergonzados. También nosotros intentamos cubrir nuestro yo verdadero con la última moda que vestimos o con la sonrisa de nuestra cara. Tratamos de aparentar que somos diferentes de lo que realmente somos. Estamos avergonzados de nuestro yo verdadero, y así fingimos. Dejamos de ser sinceros. Vergüenza, pretextos y falta de sinceridad son consecuencias de nuestro pecado. ¡Son hipocresía!

Segundo, Adán y Eva tuvieron miedo. Se escondieron detrás de los arbustos del jardín. Tuvieron miedo uno del otro, y también tuvieron miedo de Dios. Cuando Dios apareció en el jardín como de costumbre, para tener comunión con el hombre y la mujer, estaban escondiéndose de Dios. Estaban agazapados detrás de los arbustos esperando que Dios no los encontrara. Dios le llamó: «¿Dónde estás?» y Adán respondió: «Oí tu voz en al huerto, y tuve miedo, porque estaba desnudo; y me escondí» *(Génesis 3:9-10).*

¡Hombre y mujer con miedo de Dios! ¡Escondiéndose detrás de arbustos! Seres humanos creados a la imagen de Dios, seres humanos cuyo mayor gozo debería ser una comunión correcta y gozosa con el Creador, se escondían de Dios, su amante Padre celestial. Los humanos se separaron de Dios, le dieron la espalda, se escondieron detrás de los arbustos. Adán y Eva, hijo e hija de Dios, se enemistaron con su Padre celestial. En vez de amar a Dios, ¡le temieron! En lugar de tener comunión con Dios, ¡corrieron para esconderse de Él!

Tercero, Adán y Eva no aceptaron la culpa por lo que hicieron; trataron de excusar su pecado. Dios le preguntó a Adán: «¿Has comido del árbol del cual te mandé que no comieras? Y el hombre respondió: La mujer que tú me diste por compañera me dio del árbol, y yo comí. […] Y la mujer respondió: La serpiente me engañó, y yo comí» *(Génesis 3:11-13).*

Adán culpó a Eva por su pecado. Indirectamente también culpó a Dios. Dijo que la causante de su pecado fue la mujer que Dios le había dado. Eva, por supuesto, culpó a Satanás. Ninguno aceptó su culpa personal. Inventaron excusas para su pecado.

Nosotros somos como ellos. Cuando sabemos que hemos hecho algo malo, culpamos a otros. Algunas veces culpamos a Dios por nuestro pecado. Quizás decimos que como Dios es soberano y todopoderoso, el pecado es realmente culpa de Dios. Podríamos pensar que Dios no debió permitir cierta tentación en nuestras vidas. Podríamos, incluso, tener amargura contra Dios por una tentación o desgracia que hayamos experimentado. Con mayor frecuencia culpamos a Satanás por nuestro pecado. «Él hizo que pecáramos», decimos. Culpamos a menudo a nuestros padres, hermanos o hermanas por nuestros fallos. Esta costumbre humana tan común, de culpar a otros por el mal que hacemos, es conocida por los psicólogos modernos como proyección de culpa. Injustamente culpamos a otros por el mal que nosotros hacemos.

Cuarto, la relación matrimonial fue estropeada. Antes que pecaran, Adán y su esposa tenían una hermosa relación; pero después de su pecado, empezaron a esconder su verdadera personalidad uno de otro. También leemos que Adán empezó a dominar a su esposa, y ella se le sometió (Génesis 3:16). Este tipo de relación en el matrimonio es una forma de explotación. El marido gobierna, la mujer se somete. Debido a la rebelión del hombre contra Dios, el sexo se convirtió en algo explotador. Las mujeres se visten y actúan de maneras que atraigan a los hombres. Los hombres, por otra parte, son agresivos e intentan que las mujeres se les sometan, en el matrimonio y fuera de él.

La experiencia de dar a luz se hizo más dolorosa (v. 16). Los niños deberían ser una gran bendición en cualquier hogar, pero el pecado introdujo el dolor en la experiencia de tener niños. Los niños nacen por medio del dolor; también producen dolor para sus padres mediante la desobediencia y rebeldía.

Quinto, el trabajo se convirtió en fastidio para la humanidad (vv. 17-19). Antes que las personas rechazaran a Dios, el trabajo era una bendición; fue parte importante del pacto de Dios con Adán y Eva. Dios les ordenó trabajar para mejorar la tierra. Después que se rebelaran contra Dios, su relación con la naturaleza se hizo difícil. Empezaron a explotar la naturaleza y la tierra gimió bajo esa explotación. La tierra fue maldecida por culpa de la humanidad. Espinos empezaron a crecer en la tierra donde las personas sembraban cultivos. Los humanos empezaron a tratar mal a la naturaleza, y de forma similar ésta los trató mal a ellos. Empezaron a luchar y pelear con la naturaleza; necesitaban trabajar para ganarse la vida.

Sexto, llegó la muerte. Dios es el dador de la vida. Experimentamos vida cuando vivimos en una relación gozosa con Dios, el dador eterno de vida. Cuando Adán y Eva le dieron la espalda a Dios, cuando declararon su independencia de Dios, en realidad estaban declarando su independencia del dador de la vida. Al rechazar a Dios, estaban encaminándose hacia la muerte. Morimos porque vivimos en rebeldía contra Dios. La Biblia dice: «La paga del pecado es muerte» *(Romanos 6:23)*.

Muerte en el sentido bíblico es mucho más seria que la muerte biológica. Obviamente el ser humano que tiene cuerpo físico experimenta la muerte del cuerpo. La muerte biológica puede ser un aspecto de la consecuencia del pecado, pero con certeza no es el significado principal de la muerte como resultado de apartarse de Dios. El significado más profundo de la muerte es la trágica destrucción de la imagen de Dios en las personas. Nuestras vidas deberían reflejar la gloria y justicia de Dios; sin embargo nos volvemos egoístas y arrogantes. Nuestra humanidad está estropeada. Odiamos en vez de amar. Explotamos en vez de compartir. Dejamos que la amargura nos consuma en vez de perdonar. Nos volvemos pequeños en lugar de crecer. Llegamos a parecemos a Satanás en vez de a Dios. Somos engañosos en lugar de veraces. Nos alejamos cada vez más y más de Dios; experimentamos muerte en todo nuestro ser. ¡La muerte es la separación eterna de Dios! La separación de Dios es el colmo de la maldad. La separación de Dios es la muerte.

Séptimo, la muerte empezó a extenderse y envenenar a toda la familia humana y todas las relaciones humanas. En la familia de Adán y Eva reinó la muerte. Caín, el hermano mayor, asesinó a Abel, el segundo *(Génesis 4:1-16)*. Caín mató a su hermano porque tenía celos de él. La primera familia humana experimentó el asesinato. ¡El hijo mayor mató a su hermano menor!

Este asesinato en la primera familia humana fue una señal de que el pecado se había extendido más allá de Adán y Eva. Sus hijos también se rebelaron contra Dios. De hecho, la rebeldía contra Dios ha alcanzado a toda la raza humana. Todos en todas partes participan en esta rebeldía contra Dios. La Biblia dice: «No hay justo, ni aun uno» *(Romanos 3:10)*. También leemos: «En Adán todos mueren» *(1 Corintios 15:22)*. El profeta Isaías escribe: «Todos nosotros nos descarriamos como ovejas, cada cual se apartó por su camino» *(Isaías 53:6)*. Cada uno de nosotros individualmente, al igual que la sociedad humana en su totalidad, compartimos la experiencia de la rebeldía contra Dios, y por ende de la muerte. Nuestra común humanidad está trágicamente distorsionada. Los seres humanos, como hijos de Dios, creados a su imagen, se han vuelto contra Dios. Somos pecadores en lugar de justos; morimos en vez de vivir.

Nuestro pecado es rebeldía. Es más que las acciones incorrectas que algunas veces hacemos. Somos nosotros mismos los pecadores; nuestros corazones son malos. La Biblia dice: «Nada hay tan engañoso como el corazón. No tiene remedio. ¿Quién puede comprenderlo?» *(Jeremías 17:9)*. Las cosas incorrectas que hacemos son consecuencia de nuestros corazones malos. Somos pecadores, por eso hacemos lo malo.

La Biblia describe las formas asombrosas que el ser humano, a lo largo de la historia, ha experimentado muerte y pecado. ¡Hasta el sacerdote Aarón ayudó al pueblo del pacto a forjar un becerro de oro para adorarlo! *(Éxodo 32)*. El rey David cometió adulterio y arregló para asesinar al buen marido de la mujer con la que había pecado *(2 Samuel 11)*.

¡Hasta los profetas experimentaron el pecado! La Biblia es completamente honesta. Adán, Noé, Abraham, Moisés, Aarón, David: todos estos hombres de Dios descritos en la Biblia experimentaron fallos y pecado. La Biblia revela que con frecuencia aquellos que aparentan ser justos son realmente hipócritas y deshonestos. ¡La Biblia dice: «Todos pecaron»!

También la historia es evidencia de nuestra pecaminosidad. Todos nuestros libros de historia de todas las culturas y civilizaciones son historias de guerras. La historia es un relato de muerte: humanos matando a humanos; destrucción de las cosas buenas que la humanidad ha construido; el auge y la caída de imperios; la muerte de la civilización; la muerte de imperios; la muerte de personas en conflictos y guerras. La humanidad ha caído en la muerte. Hemos dado la espalda a Dios. La muerte es nuestra experiencia común.

La rebeldía contra Dios se extiende más allá de la familia humana, al mundo de los espíritus y ángeles. Estos seres espirituales son también personales y tiene libre albedrío. Pueden volverse contra Dios si así lo desean. Satanás es un ángel que se rebeló. Se enorgulleció y se volvió contra Dios *(Isaías 14:12-14)*. Otros ángeles siguieron su ejemplo. Estos ángeles malvados obedecen las órdenes de Satanás, quien es llamado «el príncipe de la potestad del aire, el espíritu [...] de desobediencia» *(Efesios 2:2)*. Satanás y los ángeles y espíritus malvados que él dirige están en rebeldía total contra Dios. Ellos buscan destruir todo lo bueno. La Biblia llama a estas fuerzas malignas «huestes espirituales de maldad en las regiones celestes» *(Efesios 6:12)*. Estas fuerzas espirituales de maldad están orientadas a la muerte. Intentan amarrar a las personas y las sociedades a la muerte.

Ya sea que el mal venga a través de fuerzas espirituales invisibles o a través de la pecaminosidad humana, siempre es consecuencia de la rebeldía contra Dios, el justo dador de la vida. Todas las formas de rebelión contra Dios son malignas. Vivir en una relación justa y gozosa con Dios es siempre bueno, pero la humanidad ha desobedecido a Dios. Por esta razón experimentamos la muerte.

Resumen

Nuestro problema es este: ¿Cómo podemos ser librados de la muerte? ¿Cómo podemos nosotros, que hemos rechazado a Dios, empezar a experimentar de nuevo el gozo de la vida? ¿Cómo puede la imagen de Dios, que ha sido estropeada por la rebeldía, ser recreada en nosotros? La Biblia da la respuesta a estas preguntas.

Una respuesta musulmana

Aunque los musulmanes están de acuerdo con el testimonio cristiano de que Adán y Eva desobedecieron a Dios al comer del fruto del árbol prohibido, los eventos subsiguientes son relatados de manera diferente por ambas creencias. Según la perspectiva cristiana, cuando Adán y Eva tomaron el fruto, declararon su independencia de Dios y quisieron ser como Dios.

La creencia musulmana es que Adán y Eva, al darse cuenta de su error o pecado, oraron a Dios pidiendo perdón y fueron perdonados. Adán fue hecho el primer mensajero de Dios sobre la tierra. El testimonio cristiano minimiza el papel de Satanás y atribuye la culpa de la rebeldía al hombre. Nosotros sostenemos que Satanás, el poder del mal, tuvo un papel preponderante en todo lo sucedido y fue muy responsable de la caída de Adán del jardín.

Los musulmanes no acusamos a Adán y Eva de transmitir el pecado y la maldad a toda la humanidad. Los dos fueron absueltos de su pecado, y sus descendientes quedaron inmunes a su efecto. El pecado no es original, ni hereditario, o inevitable. No viene de Dios. Se adquiere por elección, pero también se puede evitar por medio del conocimiento y la dirección verdadera de Dios. Los musulmanes creen que el hombre es fundamentalmente una criatura buena y digna. No es un ser caído. ¡Los musulmanes ciertamente no estarían de acuerdo que hasta los profetas han participado en la pecaminosidad!

Una aclaración cristiana

Aunque algunos teólogos cristianos han hablado con frecuencia de conceptos como pecado original o hereditario, estos términos específicos no explican adecuadamente la pecaminosidad personal y colectiva de la humanidad que la Biblia describe. Desde una perspectiva bíblica es mucho más importante reconocer que necesitamos redención de nuestra pecaminosidad que desarrollar teorías sobre exactamente cómo se trasmite —o no se trasmite— el pecado.

17

La Palabra de Dios

¿Cuáles son las Escrituras cristianas?

Los cristianos creen que la Biblia es la Palabra escrita de Dios; que es inspirada por Dios. El testimonio de la Biblia acerca de sí misma es el siguiente: «Toda la Escritura es inspirada por Dios y útil para enseñar, para reprender, para corregir y para instruir en la justicia, a fin de que el siervo de Dios esté enteramente capacitado para toda buena obra» *(2 Timoteo 3:16-17).*

La palabra *inspirar* significa «respirar». Los cristianos creen que las Sagradas Escrituras han sido «sopladas» por Dios. Los pensamientos de Dios fueron soplados en personas santas que hablaron y escribieron la Palabra de Dios. La Biblia ha sido inspirada por Dios.

Inspiración divina no significa dictado divino. Los cristianos no creen que los profetas que hablaron o escribieron la Palabra de Dios fueron como tubos a través de los cuales las palabras de Dios fluyeron. En todas las Escrituras bíblicas, la personalidad de cada escritor es evidente. El profeta David escribió como un poeta inspirado; él era poeta. El profeta Jeremías habló como un predicador inspirado; era predicador. Los dones y la personalidad de los escritores son parte del mensaje de las Escrituras. La actividad inspiradora de Dios no eliminó el involucramiento humano en el proceso. La impronta de la personalidad humana es parte del contenido de la revelación bíblica. La Biblia es el drama maravilloso de Dios revelándose a las personas, y los profetas inspirados de Dios expresando esta revelación en lenguaje y formas de pensamiento humanos.

La organización de la Biblia

La Biblia se divide en dos grandes partes: el Antiguo y el Nuevo Testamento. Testamento significa un pacto o promesa sagrada que no se debe romper. El Antiguo Testamento, o antiguo pacto, se refiere al pacto que Dios hizo con el pueblo de Israel en el Monte Sinaí después de haberlos liberado de la esclavitud bajo el Faraón. En el Monte Sinaí, Dios dio al pueblo de Israel los Diez Mandamientos *(Éxodo 20:1-17)*. Los invitó a convertirse en su pueblo del pacto y prometió cuidarlos como un padre a sus hijos. El Antiguo Testamento es el registro de la autorevelación de Dios y la respuesta de las personas de fe para convertirse en su pueblo del pacto.

Trágicamente, el pueblo de Israel falló al no confiar en Dios como deberían. Aún antes de dejar el Monte Sinaí, empezaron a adorar un becerro de oro. Constantemente se alejaban de Dios. No pudieron, y con frecuencia no quisieron, obedecer los buenos mandamientos de Dios. Fueron un pueblo pecaminoso *(Éxodo 32:7-10)*. Paulatinamente Dios fue llevando a los profetas del Antiguo Testamento a darse cuenta que el antiguo pacto era inadecuado. Llegaron a reconocer que Dios haría un nuevo pacto con la humanidad, un pacto de poder y gracia que transformaría el corazón de la humanidad, un pacto que volvería a crear la imagen de Dios en los seres humanos —imagen tan trágicamente estropeada por la rebelión contra Dios.

El profeta Jeremías habla del nuevo pacto de la manera siguiente:

> Vienen días —afirma el Señor— en que haré un nuevo pacto con el pueblo de Israel .... Pondré mi ley en su mente, y la escribiré en su corazón. Yo seré su Dios, y ellos serán mi pueblo. *(Jeremías 31:31, 33)*

Los profetas del Antiguo Testamento reconocieron también que el nuevo pacto tendría su cumplimiento a través del Mesías. De hecho, cuando Adán y Eva pecaron, Dios reveló que un niño nacido de la mujer aplastaría la cabeza del maligno *(Génesis 3:15)*. Aunque esta es la primera profecía en la Biblia acerca del Mesías, el desarrollo profético a lo largo del Antiguo Testamento apuntaba con creciente expectación a que las promesas de Dios a la humanidad serían cumplidas en el Mesías. Era por medio de él que Dios crearía un nuevo y mejor pacto con la humanidad *(Isaías 11:1-9)*.

Las profecías del Antiguo Testamento acerca del Mesías eran sorprendentemente específicas. Aquí hay algunos ejemplos:

- Sería de la familia del rey David *(2 Samuel 7:12-13)*.
- Nacería de una virgen *(Isaías 7:14)*.
- Nacería en Belén *(Miqueas 5:2)*.
- Sería «Dios con nosotros» *(Isaías 7:14)*.
- Sería rechazado por la humanidad *(Isaías 53:3-9)*.
- Iba a sufrir y morir con los malvados *(Salmo 22:16-17)*.
- Sería enterrado en la tumba de un hombre rico *(Isaías 53:9)*.
- Resucitaría de entre los muertos *(Salmo 16:10)*.

Estas son apenas algunas de las muchas profecías del Antiguo Testamento en cuanto al Mesías, todas las cuales fueron cumplidas por Jesús.

El Nuevo Testamento es el registro de cómo Dios cumplió las profecías del Antiguo Testamento (antiguo pacto) acerca del Mesías y estableció el nuevo pacto. Contiene el relato de la vida y enseñanzas del Mesías y la creación de la iglesia, que es la comunidad del nuevo pacto. El Antiguo Testamento anticipa la venida del Mesías. El Nuevo Testamento revela que el Mesías ha venido.

Necesitamos tanto el Antiguo como el Nuevo Testamento para comprender y aceptar la revelación de Dios a la humanidad. El Antiguo Testamento es una preparación para el Nuevo. El Antiguo señala al Nuevo; el Nuevo completa el Antiguo. Los cristianos aceptan ambos testamentos como la Palabra escrita inspirada por Dios.

Ahora veremos más de cerca el contenido de estas dos partes de la Biblia.

El Antiguo Testamento

Las enseñanzas y escritos de unos treinta profetas están incluidos en el Antiguo Testamento. La revelación de Dios a través de algunos profetas es tan significativa que secciones enteras del Antiguo Testamento llevan sus nombres. Por ejemplo, la revelación de Dios por medio del profeta Jeremías está registrada en el libro del Antiguo Testamento que se llama Jeremías. Algunas porciones del Antiguo Testamento tratan principalmente la historia del pueblo del pacto. Otras partes son las canciones e himnos cantados por el pueblo en la adoración. Estos diferentes tipos de Escrituras han sido divididos en tres grandes secciones en el Antiguo Testamento: la *Tora*, los Profetas, y los Escritos.

Comentaremos cada una de estas tres secciones de las Escrituras del Antiguo Testamento.

La *Tora (Taurat)* del profeta Moisés es la primera parte del Antiguo Testamento. Contiene los primeros seis libros de la Biblia (Génesis, Éxodo, Levítico, Números, Deuteronomio y Josué). Moisés es el gran profeta de la *Tora* y en efecto de todo el Antiguo Testamento. En la *Tora* leemos que Dios específicamente ordenó a Moisés escribir las palabras del pacto *(Éxodo 34:27-28)*. Esto era poco común. En el Antiguo Testamento el profeta generalmente «veía» o «escuchaba» la Palabra del Señor y luego la proclamaba al pueblo. Escribas o discípulos fieles entonces escribían la Palabra de Dios que había sido revelada por medio del profeta (p.ej., ver *Jeremías 36:4)*. Sin embargo, leemos que Moisés mismo escribió porciones de la revelación de Dios con su propia mano *(Deuteronomio 31:9)*. Podemos confiar que la *Tora* entera ha llegado hasta nosotros por medio del profeta Moisés y sus fieles ayudantes, que preservaron y transmitieron estas revelaciones inspiradas para que podamos leerlas hoy.[31]

La segunda parte del Antiguo Testamento son los Escritos. Los Escritos incluyen libros acerca de la historia del pueblo del pacto y libros de poesía. Los libros históricos son: *Jueces, Rut, 1 y 2 Samuel, 1 y 2 Reyes, 1 y 2 Crónicas, Esdras, Nehemías y Ester.* Los libros poéticos son: *Job, Salmos, Proverbios, Eclesiastés y Cantares.* De estos cinco el más conocido es *Salmos.* Los musulmanes llaman a los *Salmos,* el *Zabur* del profeta David. Ciertamente David escribió muchos de estos salmos. Muchos son hermosos himnos de alabanza a Dios por su gran amor y misericordia hacia la humanidad.

La tercera porción del Antiguo Testamento es la de los Profetas. Estos libros son: *Isaías, Jeremías, Lamentaciones, Ezequiel, Daniel, Oseas, Joel, Amós, Abdías, Jonás, Miqueas, Nahum, Habacuc, Sofonías, Hageo, Zacarías y Malaquías.* En cierto sentido todos los escritos del Antiguo Testamento son proféticos. Sin embargo, cuando la fe del pueblo del pacto parecía disminuir, Dios enviaba a sus profetas para llamar al pueblo de nuevo a Él. Todos los profetas ordenaban al pueblo arrepentirse y volver al pacto que Dios había establecido con ellos en el Monte Sinaí, cuando reveló los Diez Mandamientos por medio del profeta Moisés. Al mismo tiempo, los profetas empezaron a darse cuenta que el pacto antiguo no era suficientemente bueno. Miraban con expecta-

---

31. W. F. Albright, *From the Stone Age to Christianity* [De la Edad de piedra al cristianismo], (Nueva York: Doubleday, 1957), pp. 249-272.

tiva la venida del Mesías, cuya vida y enseñanzas están registradas en el Nuevo Testamento.

Uno de los profetas más grandes del Antiguo Testamento fue Isaías, que previó de una manera maravillosa que el Mesías establecería un nuevo pacto que sería una bendición para toda la humanidad. También profetizó que el Mesías sufriría y daría su vida por el pecado de las personas.

El Nuevo Testamento

Los cuatro primeros libros del Nuevo Testamento se conocen como los evangelios o el *Inyil*.[32] Los cristianos creen que el propio Mesías es el evangelio. Hablaremos más sobre esto en un capítulo posterior, pero por ahora es importante reconocer que el evangelio es el registro de la vida y enseñanzas de Jesús el Mesías. Consta tanto de su vida como de sus enseñanzas, porque él mismo es el Evangelio. Las revelaciones que recibimos a raíz de quién es y qué hace el Mesías son de igual importancia que las que nos vienen por lo que él enseñó y predicó. Por ello, el evangelio escrito es una presentación del Mesías.

El evangelio, que es el Mesías, fue visto por la gente. A los que estuvieron más cerca de él se les llamó discípulos. Algunos de estos discípulos se convirtieron en apóstoles de Dios. Estos apóstoles fueron testigos del evangelio. Habían estado y convivido con el Mesías. Lo conocían personalmente. Después de la muerte y resurrección del Mesías, Dios inspiró a los apóstoles a registrar lo que habían visto y oído. Los registros de Mateo, Marcos, Lucas y Juan han sido escritos en cuatro libros. Cada libro es un testimonio apostólico acerca de Jesús el Mesías. El aspecto testimonial de estas Escrituras evangélicas es afirmado de forma hermosa en los primeros versículos del evangelio según Lucas.

Por cuanto muchos han tratado de compilar una historia de las cosas que entre nosotros son muy ciertas, tal como nos las han transmitido los que desde el principio fueron testigos oculares y ministros de la palabra, también a mí me ha parecido conveniente, después de haberlo investigado todo con diligencia desde el principio, escribírtelas ordenadamente, excelentísimo Teófilo, para que sepas la verdad precisa acerca de las cosas que te han sido enseñadas *(Lucas 1:1-4).*

---

32.   Evangelio es la traducción al español de la palabra griega *euaggellion*. *Euaggellion* o evangelio significa las buenas nuevas. El equivalente árabe de Evangelio es *Inyil*. En swahili se usa la palabra *Inyili*.

El testimonio del evangelio ha sido registrado a través de la inspiración de Dios para que así «sepamos la verdad» (Lucas 1:4).

El Nuevo Testamento incluye mucho más que el registro de la vida y enseñanzas de Jesucristo. El quinto libro del Nuevo Testamento se llama Hechos de los Apóstoles. Este libro es una historia breve de la iglesia apostólica. Relata cómo se formó la nueva comunidad del pacto y describe cómo desarrollaron su misión en el mundo, continuando la obra que Jesús el Mesías había empezado. Hechos incluyen varios sermones de los apóstoles. Estos mensajes revelan el significado fundamental de la vida, muerte y resurrección de Jesús el Mesías. Los Hechos de los Apóstoles es la historia inicial de la iglesia.

Después siguen las Epístolas. Estas son cartas escritas por apóstoles u hombres apostólicos, que interpretaron el significado del evangelio. Ellas son: *Romanos, 1 y 2 Corintios, Gálatas, Efesios, Filipenses, Colosenses, 1 y 2 Tesalonicenses, 1 y 2 Timoteo, Tito, Filemón, Hebreos, Santiago, 1 y 2 Pedro, 1, 2 y 3 Juan, Judas,* y *Apocalipsis.* Algunas de estas cartas fueron escritas a grupos particulares de cristianos, dando consejo y enseñanza acerca de problemas que habían surgido en las iglesias. Otras fueron escritas a líderes de la iglesia.

Por ejemplo, Filipenses fue escrita por el apóstol Pablo a la iglesia en Filipo, Macedonia. La epístola a los Hebreos describe al Mesías como el maravilloso cumplimiento del Antiguo Testamento. Interpreta las ofrendas sacrificiales de animales como símbolo de la muerte sacrificial y resurrección de Jesús el Mesías. Una carta de Santiago describe la forma que los cristianos deben vivir. Todas estas cartas a las iglesias explican la creencia y conducta cristianas.

Otras cartas fueron escritas a líderes eclesiales para enseñarles cómo dirigir la iglesia. Por ejemplo, existen dos cartas escritas por el apóstol Pablo a un joven obispo llamado Timoteo. Otra carta pequeña e interesante, Filemón, fue escrita al amo de un esclavo dándole instrucciones sobre cómo amar a su esclavo como a un hermano. ¡Probablemente el dueño liberó a su esclavo después de recibir esa carta de un apóstol de Dios! El último libro del Nuevo Testamento es el Apocalipsis o la Revelación. Es una descripción celestial del triunfo del Mesías glorificado al final de la historia cuando el propósito de Dios para la humanidad sea cumplido.

La Biblia es un libro maravilloso. Las enseñanzas de más de treinta profetas y apóstoles están recogidas en la Biblia. Los escritos de las Escrituras bíblicas abarcan más de mil años. Fueron escritos en tiempos de tremendos cambios y diversidad. Aún así, un hilo común une todos estos escritos: Dios está actuando en la historia. Su intención es redimir y salvar a la humanidad de la muerte. Su actividad redentora es completada y consumada en Jesús el Mesías.

Manuscritos y traducciones

Durante más de mil años todos los manuscritos bíblicos fueron copiados a mano. Cuando se copia un manuscrito existe siempre la posibilidad de que accidentalmente surjan variaciones en el texto debido a errores humanos. Hacia finales del siglo XV se empezó a imprimir las Biblias, eliminando así la posibilidad de los errores manuscritos.

Sin embargo, a los estudiosos bíblicos les preocupa que nuestros textos impresos de hoy día sean fieles al texto original. Para lograr esto comparan nuestros actuales textos impresos con los más antiguos manuscritos disponibles.

Eruditos bíblicos procuran que el texto de la Biblia que tenemos hoy sea una traducción fiel del original. El primer Antiguo Testamento fue escrito en hebreo, y el Nuevo en griego. Los expertos quieren asegurarse que nuestros textos actuales en hebreo y griego sean fidedignos. Usan las herramientas textuales, lingüísticas y arqueológicas más sofisticadas para lograr su objetivo.

En años recientes varios descubrimientos asombrosos de manuscritos antiguos han asistido enormemente a los estudios textuales. Por ejemplo, el descubrimiento en 1947 de los Rollos del Mar Muerto en Qumrán cerca del Mar Muerto han dado a los estudiosos acceso a manuscritos del Antiguo Testamento que datan del siglo II a.C. De la misma manera, estudios del Nuevo Testamento se han visto ayudados por varios descubrimientos de manuscritos antiguos; uno de ellos nos lleva a menos de cien años de la crucifixión de Jesús. Hoy día existen por lo menos cinco mil manuscritos antiguos del Nuevo Testamento disponibles para análisis y estudio. Estos estudios de los textos antiguos han incrementado grandemente la confianza en la autenticidad de la Biblia como la tenemos en la actualidad. Por ejemplo, ¡los eruditos afirman que la posibilidad de cualquier variación del texto original del Nuevo Testamento hoy día es de solo uno por mil! Y nada de este 0,1 por ciento de variación es de importancia en términos del mensaje que la Biblia presenta.[33]

---

33. Sean Kealy, *The Changing Bible* [La Biblia cambiante], (Nairobi: KUC, N.D.), p. 87.

La preocupación cristiana por establecer la fiabilidad de los textos bíblicos se basa en un compromiso con la autoridad de la Palabra escrita de Dios. El respeto por la autoridad de esta Palabra surge de las mismas páginas de la Biblia. Hablando sobre las Escrituras del Antiguo Testamento, Jesús el Mesías dijo, «porque de cierto os digo que hasta que pasen el cielo y la tierra, ni una jota ni una tilde pasará de la ley, hasta que todo se haya cumplido» *(Mateo 5:18)*. ¡Aún los puntos y las comas eran consideradas importantes por Jesús!

Una de las advertencias más severas de la Biblia es contra quienes intenten cambiar la Palabra inspirada de Dios. En Apocalipsis, en el último capítulo de la Biblia, leemos:

> A todo el que escuche las palabras del mensaje profético de este libro le advierto esto: Si alguno le añade algo, Dios le añadirá a él las plagas descritas en este libro. Y si alguno quita palabras de este libro de profecía, Dios le quitará su parte del árbol de la vida y de la ciudad santa, descritos en este libro.
> *(Apocalipsis 22:18-19)*

Aunque esta advertencia está dirigida específicamente hacia aquellos que intenten alterar las profecías del libro de Apocalipsis, muchos cristianos sienten que es también una advertencia general para todos los que quieran cambiar cualquier parte de la Palabra escrita de Dios. Los cristianos, que creen que la Biblia es la Palabra inspirada por Dios, buscan asegurarse que los textos pasados de generación a generación durante siglos sean exactos y confiables.

Los cristianos creen que la Biblia debe ser traducida al idioma de la gente. El mensaje bíblico es que Dios ha decidido revelarse a la humanidad. La revelación de Dios se entiende mejor cuando es comunicada en la lengua nativa de uno. Por esta razón, ya en el siglo III, los cristianos estaban traduciendo la Biblia del hebreo y griego a idiomas locales. Probablemente, el primero fue el siríaco en Siria, luego el egipcio, el latín en el norte de África y el ge'ez en Etiopía. Actualmente la traducción de la Biblia a los idiomas locales es una de las tareas más importantes de misioneros cristianos. Al menos algunas porciones de la Biblia han sido traducidas de los textos hebreo y griego originales a más de dos mil idiomas de todo el mundo. La iglesia desea seguir traduciendo la Biblia hasta que todos los pueblos puedan leer la Palabra escrita de Dios en su propia lengua nativa.

Resumen

Los cristianos creen que la Biblia es la Palabra escrita de Dios. La Biblia es el testimonio y el registro de las acciones de Dios en la historia del pueblo del pacto y de la creación de un nuevo pacto a través de Jesús el Mesías. La Biblia contiene las inspiradas interpretaciones proféticas de las acciones de Dios.

Una respuesta musulmana

El Corán es muy respetuoso de la *Tora (Taurat),* los Salmos *(Zabur)* y los Evangelios *(Inyil)* que forman la mayor parte de las Escrituras cristianas. Estas Escrituras son reconocidas como dirección divina verdadera. Los profetas a quienes estas Escrituras fueron reveladas (Moisés, David y Jesús) son reconocidos como grandes profetas de Alá y del islam. Para un musulmán negar que Moisés *(Musa),* David *(Daud)* o Jesús *(Isa)* son profetas es negar las enseñanzas verdaderas del islam.

Por otra parte, la perspectiva cristiana de la revelación y las Escrituras es bastante diferente del testimonio musulmán. Los cristianos creen que la Biblia ha sido inspirada (soplada por Dios) pero no dictada por Dios, que la impronta de la personalidad humana es parte del contenido de las revelaciones bíblicas, y que el Mesías (Jesús) es en Sí mismo el *Inyil* (Evangelio).

Sin embargo, según el testimonio musulmán, la revelación contenida en las Escrituras o libros divinos es la dirección verdadera que Dios mismo hizo descender *(tanzil)*. Es la Palabra de Dios revelada a profetas escogidos. A pesar de ser personalidades dotadas, sus vidas e historias no formaron parte del mensaje divino o escritural. Por esta misma razón el *Hadiz,* tan importante para la fe musulmana, no forma parte del Santo Corán.

Es una pena que los cristianos no reconozcan la última y perfecta revelación de Dios: el Corán.

Porque nunca la profecía fue traída por voluntad humana,
sino que los santos hombres de Dios hablaron siendo inspirados
por el Espíritu Santo (2 Pedro 1:21).

18

Los profetas en la historia

La comprensión cristiana

La Biblia narra la historia de los hechos redentores de Dios en la historia y contiene la interpretación revelada de estos hechos redentores. Es a través de los profetas y apóstoles que Dios interpreta sus hechos redentores en la historia.

Podemos ilustrar la revelación bíblica mediante un ejemplo: el nacimiento del Mesías tal como lo registra e interpreta el apóstol Mateo *(Mateo 1:18-2:23).* Antes que José y la virgen María se casaran, María quedó embarazada por medio del Espíritu Santo. Un ángel interpretó para José y la virgen María el significado de la milagrosa concepción de ésta. El Salvador prometido nació en Belén.

Hombres sabios de oriente vieron una estrella especial y reconocieron que era una señal de Dios de que el Mesías (rey) había nacido. Fueron a Jerusalén en Judea con regalos, buscando al niño. En Jerusalén se encontraron con el rey Herodes de Judea y con eruditos que conocían las profecías del Antiguo Testamento acerca del Mesías. A los sabios se les dijo que el Mesías nacería en el pueblo de Belén. Fueron pues a Belén, donde encontraron a Jesús con José y María. Alabaron a Dios que el Salvador había nacido y le dieron costosos regalos: oro, incienso y mirra.

Un ángel les advirtió que no volvieran a Jerusalén, porque el rey Herodes quería saber dónde estaba el niño para matarlo. Más tarde, cuando Herodes supo que los sabios habían regresado a sus hogares por otra ruta, se enfureció y ordenó que mataran a todos los niños de Belén de dos años para abajo. Sin embargo, Jesús fue salvado de la muerte porque un ángel advirtió a la familia que huyeran a Egipto antes que las tropas de Herodes llegaran a Belén. Después que Herodes muriera, José, María y el niño Jesús regresaron a su tierra natal y vivieron en el pueblo de Nazaret. Todo esto sucedió en cumplimiento de las profecías veterotestamentarias respecto al nacimiento e infancia de Jesús el Mesías.

Esta es la historia, a grandes rasgos. La historia incluye tres elementos de revelación: evento, respuesta e interpretación. Los tres están íntimamente unidos; los tres son revelación. El *evento* en el relato es el hecho redentor de Dios —el nacimiento del Mesías—. La *respuesta* tiene dos vertientes: los hombres sabios creen, pero el rey Herodes no cree. Herodes pelea contra el niño, en contra de la acción redentora de Dios, contra Dios mismo. La *interpretación* de la historia hace que tenga sentido: ha nacido el Salvador. Algunos lo rechazan, otros lo aceptan. Creer o no creer, esa es la cuestión. Esta es la naturaleza de toda revelación bíblica: evento, respuesta, interpretación.

La Biblia revela que Dios nos invita a una relación de pacto consigo. Él actúa de manera redentora en nuestra propia experiencia histórica. La Biblia registra innumerables descripciones de los hechos redentores de Dios. He aquí algunos ejemplos:

- Dios salvó a Noé y su familia del diluvio.
- Dios salvó la vida del hijo del profeta Abraham mediante el sacrificio de un carnero.
- Dios se apareció al profeta Moisés en la zarza ardiente.
- Dios liberó al pueblo del pacto de la esclavitud del Faraón.
- Dios guió a los israelitas a través del Mar Rojo en seco.
- Dios los alimentó con maná en el desierto cuando no había comida.
- Dios les dio los diez mandamientos en el monte Sinaí.
- Dios les dio agua de la roca en el desierto.
- Dios conservó su ropa y calzado.

Los hechos de Dios siguen y siguen. Él está involucrado de forma redentora en la experiencia humana. Estos hechos de Dios son el aspecto central de toda revelación divina. Dios es conocido por lo que hace; esta es la médula de la perspectiva bíblica de la revelación. A raíz de ello gran parte de la Biblia es una descripción de lo que Dios ha hecho en la historia, incluido el nacimiento de Jesús el Mesías.

Los hechos de Dios, sin embargo, nunca suceden en un vacío histórico. Cuandoquiera que Dios obra, las personas responden aceptando o rechazando, creyendo o en incredulidad, en arrepentimiento o en rebeldía. La Biblia revela que los hechos redentores de Dios exigen una respuesta del ser humano. Consecuentemente la Biblia también describe la respuesta del hombre a los hechos redentores de Dios. La Biblia es un registro del encuentro de Dios con la humanidad y la respuesta humana a Dios.

Las descripciones de las respuestas del hombre a Dios revelan la naturaleza del corazón humano. Nos vemos a nosotros mismos en la historia del malvado rey Herodes, que odiaba a cualquiera que amenazara su posición. También nos vemos en los hombres sabios que buscaban la verdad. La descripción bíblica de la respuesta humana a Dios es un aspecto importante de la revelación, porque por medio de ella reconocemos quiénes somos y nos damos cuenta de nuestra propia necesidad de redención.

El hecho de Dios, la respuesta humana: estas dos dimensiones de la relación Dios-hombre son también dimensiones inseparables de la revelación bíblica. Solo mediante la revelación divina podemos comprender realmente el significado del encuentro divino-humano. Esta es la misión de los apóstoles y profetas de Dios. A través de la inspiración divina Dios reveló a los apóstoles y profetas el significado de los hechos de Dios y de la respuesta del hombre a dichos hechos.

Con frecuencia leemos en la Biblia que el profeta «vio» o «escuchó» la Palabra del Señor *(Isaías 1:1; Abdías 1:1; Miqueas 1:1; Habacuc 1:1)*. Eso fue revelación divina. Dios reveló la verdadera interpretación de sus hechos a los apóstoles y profetas. Ellos proclamaron esa interpretación por medio de predicación, enseñanza o escritos. Es mediante la interpretación profética de los hechos salvíficos de Dios en la historia que reconocemos la presencia redentora de Dios.

El apóstol Mateo registró el evento; describió la respuesta humana; interpretó lo que estaba sucediendo: su nombre es Jesús, «porque él salvará a su pueblo de sus pecados» *(Mateo 1:21)*. Eso es revelación bíblica: historia e interpretación. El hecho de Dios, la respuesta humana, la interpretación inspirada: las tres juntas son revelación bíblica.

Una respuesta musulmana

Los musulmanes enfatizan que la aparición continua de profetas en diversos momentos de la historia, entre diferentes pueblos, demuestra la continuidad de la dirección de Dios y su interés activo en el bienestar del hombre en este mundo y en el venidero.

Los cristianos enfatizan la inspiración divina como la manera que Dios reveló la interpretación verdadera de sus hechos. Los musulmanes, que no descartan la inspiración divina de los profetas, son de la perspectiva que Dios hizo descender *(anzala, tanzil)* revelación divina a sus mensajeros. Alá dio el mensaje al ángel Gabriel, quien lo comunicó de forma verbal directa. Los profetas expresaron este mensaje verbal directo exactamente como lo escucharon del ángel.

En el Corán, Alá usa los siguientes términos para revelación: *anzala* (6:92), *uhiya* (6:94), *awha* (26:63), *nazala* (25:1), *ata* (2:87), *tanzil* (36:5). Todos estos términos sugieren que él revela el mensaje o lo envía por medio de un agente, no que él mismo baje *(nuzul)*. Toda la revelación divina expresa la absoluta soberanía legal de Alá. El conocimiento inspirado de los santos y místicos está muy por debajo y no se puede comparar a la revelación de la voluntad de Dios por medio de sus profetas.

La revelación profética en el islam trasciende la historia. Ni los eventos históricos, ni la respuesta humana a esos eventos es en ningún sentido revelación. Aunque el profeta se yergue en medio de la historia, la revelación que recibe no es afectada por su historia. La revelación proviene solo de Dios. Esta es la creencia musulmana.

Una aclaración cristiana

Cuando los cristianos se refieren a la inspiración de las Sagradas Escrituras, quieren decir que estos escritos han sido «soplados» por Dios a través de la personalidad profética. Este concepto no es igual a la experiencia más común de una espiritualidad inspirada de los místicos. El término *nuzul*, que sugiere el descenso de la presencia personal divina, es una interpretación de la comprensión cristiana de revelación más apropiada que *tanzil* (revelación que se hizo descender). En cierto sentido toda la revelación bíblica tiene una cualidad encarnacional. La revelación como nuzul involucra una experiencia profunda de la relación Dios-hombre, una relación que no compromete ni la soberanía de Dios ni la personalidad del hombre o la mujer.

19

Jesús el Mesías

El testimonio cristiano sobre el Mesías

La vida y enseñanza de Jesús el Mesías está registrada en los cuatro evangelios: Mateo, Marcos, Lucas y Juan. Estos cuatro libros son informes que describen la vida y las enseñanzas del Mesías, quien es el Evangelio *(Inyil).* Cada uno de los evangelios fueron escritos por apóstoles u hombres asociados con los apóstoles. Creemos que fueron testigos auténticos. En este capítulo daremos un esbozo biográfico de Jesús el Mesías, después haremos algunos comentarios de interpretación.

La vida y enseñanzas de Jesús

Como lo mencionamos en el capítulo anterior, Jesús el Mesías nació en el pueblo de Belén de Judea en Palestina. El año fue probablemente 4 a.C.; Augusto César era el emperador romano. El ángel Gabriel dijo a la virgen María que ella daría a luz al Mesías: «El Espíritu Santo vendrá sobre ti, y el poder del Altísimo te cubrirá con su sombra; por lo cual también el Santo Ser que nacerá, será llamado Hijo de Dios» *(Lucas 1:35).*

Justo antes del nacimiento de Jesús, José y María viajaron unos doscientos kilómetros hacia el sur, desde Nazaret en Galilea a Belén en Judea, a causa del censo romano. Debido a que todas las posadas estaban llenas, tuvieron que quedarse en un establo. Ahí fue donde nació Jesús. Los ángeles anunciaron su nacimiento a pastores en las colinas. Estos vinieron a ver a Jesús y lo encontraron con María y José, tal como los ángeles lo habían anunciado. Más tarde, hombres sabios de oriente también vinieron a ver a Jesús. En el capítulo anterior describimos su visita, y la posterior huida de José, María y Jesús a Egipto para escapar del furor de Herodes.

Después de volver de Egipto, la familia se estableció en Nazaret de Galilea. Fue allí donde Jesús creció, probablemente como carpintero, porque ese era el oficio de José. No sabemos mucho de su niñez. Un incidente está registrado en Lucas —cuando tenía doce años Jesús fue con José y María a Jerusalén a adorar al Señor—. Durante esa visita dejó atónitos a los líderes religiosos con su comprensión de las Escrituras.

Jesús el Mesías comenzó su ministerio público cuando tenía treinta años. El evento que marcó el inicio de su ministerio fue su bautismo en el río Jordán por Juan el Bautista (conocido como el Profeta Yahiya por los musulmanes). El evangelio según Lucas describe el bautismo de Jesús de la siguiente manera:

> Jesús fue bautizado también. Y mientras oraba, se abrió el cielo, y el Espíritu Santo bajó sobre él en forma de paloma. Entonces se oyó una voz del cielo que decía: «Tú eres mi Hijo amado; estoy muy complacido contigo». *(Lucas 3:21-22)*

Inmediatamente, después de su bautismo, Jesús fue dirigido por el Espíritu de Dios al desierto donde ayunó durante cuarenta días. Después de eso, Satanás le tentó duramente. Le tentó que convirtiera las piedras en pan. Le tentó que demostrara su poder saltando del pináculo del templo. Satanás tentó a Jesús para que se inclinara ante él, ofreciéndole todos los reinos del mundo. Estas tentaciones simbolizan las tentaciones comunes a todos los humanos: codicia de riqueza, poder y fama. Jesús citó el Antiguo Testamento demostrando que estas tentaciones eran contrarias a la Palabra revelada de Dios. Finalmente Satanás lo dejó y los ángeles de Dios vinieron para ministrarle.

Después del tiempo de tentación, Jesús comenzó su ministerio público, que duró unos tres años. Viajó por Judea y Galilea, pero también cruzó fronteras nacionales entrando en regiones como Decápolis, al norte de Galilea.

Es imposible captar en unos pocos párrafos la amplitud y el significado de Jesús el Mesías. Inauguró su ministerio en su pueblo de Nazaret causando sobresalto en el habitual culto congregacional sabatino de la sinagoga local, con una lectura del profeta Isaías:

El Espíritu del Señor está sobre mí, por cuanto me ha ungido para anunciar buenas nuevas a los pobres.

Me ha enviado a proclamar libertad a los cautivos y dar vista a los ciegos, a poner en libertad a los oprimidos, a pregonar el año del favor del Señor. *(Lucas 4:18-19)*

Después de leer proclamó: «Hoy se ha cumplido esta Escritura delante de vosotros» *(Lucas 4:21)*. De esta manera, Jesús anunció que en él el reino de Dios había irrumpido en la historia humana. El nuevo pacto estaba establecido. Jesús el Mesías demostró la irrupción del reino de Dios a lo largo del resto de su ministerio.

Jesús fue un obrador de milagros

Jesús sanó a los ciegos, leprosos, cojos y sordos. Echó fuera multitud de espíritus malignos. Resucitó a los muertos. En una ocasión alimentó a cinco mil hombres, sin contar mujeres y niños, con solo cinco panes y dos pececillos. En otra ocasión alimentó a cuatro mil hombres, sin contar mujeres y niños, con siete panes y varios peces. En sus manos la comida se multiplicó. Una vez caminó sobre el agua para encontrarse con sus discípulos y consolarlos en medio de una tormenta en el mar de Galilea. Calmó la tormenta. La gente daba testimonio gozoso de que era «poderoso en obra» *(Lucas 24:19)*.

Jesús fue un maestro excepcional

Jesús usó parábolas con gran efectividad. Una parábola es una historia de la vida cotidiana que comunica una verdad. Muchas de sus parábolas comunicaban el significado del reino de Dios. Algunas son cortas: «El reino de los cielos es semejante a la levadura que tomó una mujer, y escondió en tres medidas de harina, hasta que todo fue leudado» *(Mateo 13:33)*. Otras son más largas. El hijo pródigo dejó la casa de su padre, malgastó su fortuna y salud en una vida licenciosa. Cuando volvió en sí, regresó a su padre, que lo vio cuando todavía estaba muy lejos y corrió para encontrarlo. El padre abrazó al hijo y ordenó una gran fiesta. El hijo mayor, que nunca se había dejado la casa, se puso furioso al saber que su hermano menor había sido acogido con gozo y festejo *(Lucas 15:11-32)*.

Jesús también enseñó por medio del diálogo. Hacía preguntas a las personas y les dirigía a la verdad mientras buscaban las respuestas a las preguntas que él hacía. Jesús fue un gran predicador también. Audiencias de varios miles se sentaban por horas a escuchar sus sermones: «las multitudes se admiraban de su enseñanza; porque les enseñaba como uno que tiene autoridad, y no como sus escribas» *(Mateo 7:28-29)*.

Oposición a Jesús

Poco a poco se fue desarrollando la oposición a Jesús. Esto sucedió por varias razones. Primero, Jesús criticaba sin piedad cualquier forma de falsa religiosidad. Condenó la hipocresía religiosa y aceptó a los pecadores como sus amigos. Declaró: «No he venido a llamar a justos, sino a pecadores al arrepentimiento» *(Lucas 5:32)*. Esto enojó a los líderes religiosos que tenían actitudes de orgullo y superioridad.

Segundo, Jesús perdonaba pecados. Los líderes religiosos estaban enfurecidos porque decían que solo Dios podía perdonar pecados. Sin embargo, Jesús afirmó que «el Hijo del Hombre tiene autoridad en la tierra para perdonar pecados» *(Mateo 9:6)*.

Tercero, Jesús dijo: «Yo y el Padre somos uno» *(Juan 10:30)*. Cuando Jesús dijo esto, los líderes religiosos lo acusaron de blasfemia e intentaron apedrearlo. Pero Jesús señaló que nadie podía hacer las obras que él hacía a menos que Dios estuviera con él. Dijo que las obras que él hacía demostraban que «el Padre está en mí, y yo en el Padre» *(Juan 10:38)*.

Cuarto, Jesús proclamaba que el reino de Dios se había acercado. En ese tiempo Palestina estaba bajo el dominio colonial de Roma. Los líderes judíos creían que el reino de Dios significaba la independencia política de Roma. Mucho judíos galileos intentaron forzar a Jesús que se hiciera rey. Se decepcionaron porque Él rehusó convertirse en el tipo de rey que ellos querían. Él no encabezó una insurrección militar contra el imperio colonialista romano. En consecuencia, frustrados y desilusionados, muchos se volvieron contra Él.

La crucifixión y resurrección

Estas diferentes corrientes de oposición fueron aumentando durante los últimos meses del ministerio de Jesús. Finalmente se dirigió hacia el sur desde Galilea donde, como mencionamos anteriormente, un movimiento popular había intentado coronarlo rey de los judíos. Conforme viajaba lentamente hacia el sur, a Jerusalén en Judea, advirtió a sus discípulos que Él sería crucificado. Durante la Pascua en Jerusalén fue arrestado y sometido a juicio, tanto en la corte judía como en la romana. Aunque no hubo dos testigos que coincidieran en los cargos

contra Él, fue finalmente condenado a muerte. Marcos registra el juicio en la corte judía:

> —¿Eres el Cristo, el Hijo del Bendito? — le preguntó de nuevo
> el sumo sacerdote.
> —Sí, yo soy —dijo Jesús—. Y veréis al Hijo del hombre sentado
> a la derecha del Todopoderoso, y viniendo en las nubes del cielo.
> —¿Para qué necesitamos más testigos? —dijo el sumo sacerdo-
> te, rasgándose las vestiduras—. ¡Habéis oído la blasfemia! ¿Qué
> os parece?
> Todos ellos lo condenaron como digno de muerte.
> *(Marcos 14:61-64)*

Aunque las autoridades romanas en la corte romana no veían ninguna razón para crucificarlo, bajo la presión de la turba el gobierno
finalmente aceptó un cargo, que él decía ser Rey de los judíos. Esa fue
la acusación clavada en la cruz, sobre su cabeza cuando fue crucificado.

Cada escritor del evangelio describió la crucifixión. Jesús fue pega-
do, abofeteado y escarnecido. Soldados le pusieron una corona de espi-
nas en la cabeza, golpeándola para hincarla en su cráneo. Finalmente
lo clavaron en una cruz entre dos criminales. Durante tres horas del
mediodía, la oscuridad cubrió la tierra. «Al probar Jesús el vinagre, dijo:
—Todo se ha cumplido. Luego inclinó la cabeza y entregó el espíritu»
(Juan 19:30).

Amigos de Jesús le sepultaron en una tumba nueva excavada en
la roca cerca del lugar de la crucifixión. El propietario de la tumba
era un hombre rico, José de Arimatea. Jesús estuvo en la tumba hasta
el amanecer del tercer día. Entonces se levantó de entre los muertos.
Varias mujeres y después algunos de sus discípulos descubrieron el
domingo por la mañana que la tumba estaba vacía. Después de eso
Jesús se apareció varias veces a sus discípulos. Primero apareció a una
de las mujeres, María Magdalena; luego a dos de los discípulos en el
camino a Emaús, posteriormente a más discípulos. Apareció por lo
menos once veces durante los siguientes cuarenta días. Comió con sus
discípulos y conversó con ellos. Ellos sabían que era el Mesías resucitado. Finalmente los llevó a un monte en las afueras de Jerusalén y fue
alzado al cielo.

En un capítulo posterior trataremos la presencia continua del
Mesías glorificado en la vida y ministerio de la iglesia. Aquí hemos

limitado nuestra discusión a un repaso breve del ministerio terrenal de Jesús y los eventos de la crucifixión y resurrección. La vida, muerte y resurrección de Jesús el Mesías son sucesos asombrosos y maravillosos. Muchos detalles de su vida habían sido cuidadosa y precisamente predichos por los profetas del Antiguo Testamento. Sin embargo, para mucha gente Jesús parece increíble. El apóstol Juan, sin embargo, escribe que «éstas se han escrito para que creáis que Jesús es el Cristo, el Hijo de Dios, y para que creyendo, tengáis vida en su nombre» *(Juan 20:31).* Más adelante el apóstol dice que él es «el discípulo que da testimonio de estas cosas, y escribió estas cosas; y sabemos que su testimonio es verdadero» *(Juan 21:24).*

¿Quién es Jesús el Mesías?

Es imposible interpretar a Jesús el Mesías en unas pocas páginas. Miles de libros se han escrito sobre él. Cientos de libros nuevos que intentan describirlo son publicados cada año. Todos son inadecuados. Estas pocas páginas también son insuficientes. Aún así, los cristianos tenemos que intentar dar testimonio, aunque confesamos que el testimonio que damos no puede adecuadamente comunicar el misterio y la profundidad de quien es Jesús.

Intentaremos interpretar a Jesús brevemente, presentando algunos de los nombres que escritores bíblicos han usado para describirlo. Estos nombres dan diferentes retratos de Jesús. Cada uno es significativo y verdadero, pero a la vez inadecuado. Sin embargo, los nombres pueden ser señales útiles para llevarnos al reconocimiento de quien es Jesús.

El Hijo del hombre

Casi siempre Jesús se refirió a sí mismo como el Hijo del hombre. Esto demuestra que él es un ser humano auténtico. Él es el verdadero Hijo de Adán. Se identifica con nosotros totalmente. Nació en una familia pobre. Se convirtió en un refugiado cuando aún no tenía dos años de edad. Trabajó como carpintero para ganarse la vida. Experimentó sufrimiento y malentendidos. Es un hombre verdadero que nos entiende completamente. Él es el Hijo del hombre.

El siervo sufriente

Varios cientos de años antes que el Mesías viniera, Dios había revelado al profeta Isaías que el Mesías sería un siervo sufriente. Isaías escribió:

«Fue despreciado y desechado de los hombres, varón de dolores y experimentado en aflicción; y como uno de quien los hombres esconden el rostro, fue despreciado, y no le estimamos» *(Isaías 53:3)*. En el Mesías vemos esta profecía cumplida. Sirvió a la humanidad como un siervo sufriente.

En una ocasión el Mesías reveló una señal profunda de su ministerio de servicio, ¡lavando los pies de sus discípulos! En Palestina era normal que el siervo lavara los pies del amo de la casa cuando éste llegaba de un viaje o después de un día de trabajo. Pero Jesús asumió el lugar del siervo.

¡Tomó una toalla y lavó y secó los pies de sus discípulos amados! Ellos estaban atónitos, pero les dijo: «Porque ejemplo os he dado, para que como yo os he hecho, vosotros también hagáis» *(Juan 13:15)*.

Todos los que reconocen a Jesús como el Mesías también deberían convertirse en siervos unos de los otros, así como Jesús se hizo siervo de sus discípulos y de la gente de su tiempo. De hecho, Jesús se entregó en ministerio servicial a tal grado que sufrió haciendo el bien. Caminó por las sendas de Palestina ministrando a las necesidades de cientos de miles de personas. Su servidumbre sufriente llegó a su máxima expresión en la crucifixión cuando derramó su vida por nosotros. Jesús el Mesías fue el siervo perfecto que dio su vida en servicio por la humanidad. Por medio de su sufrimiento y su servidumbre redentora somos sanados y hechos completos. Como siervo nos provee de todo lo que necesitamos.

El Cordero

Cuando el Mesías vino a Juan el Bautista para ser bautizado, Juan proclamó: «He aquí el Cordero de Dios, que quita el pecado del mundo» *(Juan 1:29)*. En la mayoría de las sociedades humanas, las personas ofrecen sacrificios de animales, esperando recibir perdón por sus pecados. Por ejemplo, la Biblia describe el sacrificio de un carnero en lugar del hijo de Abraham. Tales sacrificios son señales que nos ayudan a entender que la humanidad necesita ser redimida mediante un sacrificio perfecto. Los cristianos creen que estas ofrendas son una señal apuntando hacia el Mesías que dio su vida para redimirnos del pecado. Él es el perfecto Cordero de Dios. A través de su muerte sacrificial y su resurrección somos perdonados y redimidos *(Apocalipsis 5:9)*.

El Hijo de Dios

Este nombre no fue inventado por los discípulos. En dos ocasiones durante el ministerio de Jesús una voz del cielo pronuncia: «Este es mi Hijo». Primero, en su bautismo la voz del cielo dijo: «Tú eres mi Hijo amado; en ti tengo complacencia» *(Lucas 3:22)*. En el apogeo del ministerio de Jesús, él y tres de sus discípulos estaban en el Monte de la Transfiguración solos. Una nube de gloria los cubrió, los profetas Moisés y Elías aparecieron milagrosamente, entonces una voz de en medio de la nube dijo: «Este es mi Hijo amado, a él oíd» *(Lucas 9:35)*. Estos dos eventos revelan que Dios mismo llamó a Jesús «mi Hijo».

Jesús aceptó el nombre Hijo de Dios para sí mismo. En una ocasión preguntó a sus discípulos quién pensaban ellos que él era. Leemos,

> Tú eres el Cristo, el Hijo del Dios viviente. Entonces le respondió Jesús: Bienaventurado eres, Simón, hijo de Jonás, porque no te lo reveló carne ni sangre, sino mi Padre que está en los cielos *(Mateo 16:16-17)*.

El nombre Hijo de Dios revela una comunión perfecta de amor entre Jesús y Dios el Padre. Ya hemos mencionado que los seres humanos fueron creados a la imagen de Dios, que Adán y Eva fueron creados como hijos e hijas de Dios. Antes que desobedecieran, ellos vivían y disfrutaban una comunión espiritual completa con Dios. A lo largo del Antiguo Testamento, las personas fueron invitadas a una relación de pacto con Dios. A Dios se complacía en invitar a personas a ser sus hijos del pacto. El pueblo del pacto fue invitado a aceptar a Dios como su Padre celestial. Jesús, como Hijo de Dios, es el que ha experimentado una relación perfecta Dios-hombre.

La experiencia de comunión de Jesús con Dios fue perfecta. Él fue la imagen perfecta de Dios. Fue el ser humano perfecto. Su relación con Dios fue tan clara, perfecta, abierta y correcta que ciertamente era el Hijo de Dios. Tan íntima fue su relación con el Padre que Jesús podía decir con toda humildad y veracidad: «Yo y el Padre uno somos» *(Juan 10:30)*.

Emanuel

El profeta Isaías, escribiendo muchos siglos antes del nacimiento del Mesías, profetizó que su nombre sería: «Emanuel» *(Isaías 7:14)*. El apóstol Mateo trajo a memoria esta profecía cuando relató el nacimiento virginal de Jesús. Mateo señaló que la profecía de Isaías afirmaba que el que naciera de una virgen sería Emanuel, que en hebreo significa: «Dios con nosotros» *(Mateo 1:23).*

El testimonio del Nuevo Testamento es que Dios se reveló plenamente en Jesucristo. Él es «Dios con nosotros». El testimonio apostólico a lo largo del Nuevo Testamento es que «Dios estaba en Cristo». El apóstol Pablo escribió bajo la inspiración de Dios: «Él [Cristo] es la imagen del Dios invisible, el primogénito de toda creación [...] por cuanto agradó al Padre que en él habitase toda plenitud» *(Colosenses 1:15, 19).* Jesús mismo dijo: «El que me ha visto a mí, ha visto al Padre; ¿cómo, pues, dices tú: Muéstranos el Padre?» *(Juan 14:9).* Dios se nos dio a conocer en Jesucristo. Gracias a Jesús, Dios no es un extraño.

El Verbo

Jesús también es llamado el Verbo o la Palabra de Dios. El testimonio evangélico, según el apóstol Juan, empieza:

> En el principio era el Verbo, y el Verbo era con Dios, y el Verbo era Dios. Este era en el principio con Dios. Todas las cosas por él fueron hechas, y sin él nada de lo que ha sido hecho, fue hecho [...] Y aquel Verbo fue hecho carne, y habitó entre nosotros (y vimos su gloria, gloria como del unigénito del Padre), lleno de gracia y de verdad *(Juan 1:1-3, 14).*

Sabemos que Dios nunca duerme. Siempre se está expresando, y la auto-expresión de Dios es creativa. La auto-expresión de Dios es el Verbo, y cuando Dios habla, la Creación sucede. Por medio del habla o la palabra de Dios, el universo fue creado. En Jesús el Mesías, la eterna auto-expresión de Dios, su Palabra sempiterna, se hizo carne.

El Verbo de Dios es eterno, así como Dios es eterno. Es por esta razón que el Mesías, como encarnación del Verbo o la Palabra eterna de Dios, pudo decir: «Antes que Abraham fuese, yo soy» *(Juan 8:58).* Como encarnación de la Palabra de Dios, el Mesías es eterno y no creado. No es engendrado por Dios, porque Él es el Verbo eterno, no creado de Dios que «era en el principio con Dios» *(Juan 1:2).*

Jesús el Mesías es el Verbo viviente y eterno de Dios, en forma humana. La Biblia es la Palabra escrita de Dios, pero Jesús el Mesías es la encarnación de la Palabra eterna, personal y viva de Dios. El apóstol Juan escribió:

Lo que era desde el principio, lo que hemos oído, lo que hemos visto con nuestros ojos, lo que hemos contemplado, y palparon nuestras manos tocante al Verbo de vida... lo que hemos visto y oído, eso os anunciamos *(1 Juan 1:1, 3)*.

El propósito de la Biblia es revelarnos al Verbo viviente, Jesús el Mesías. Jesús dijo: «Ustedes estudian con diligencia las Escrituras porque piensan que en ellas hallan la vida eterna. ¡Y son ellas las que dan testimonio en mi favor!» *(Juan 5:39)*.

Muchos otros nombres también se le dan a Jesús. Estos incluyen Rabí o Maestro, Profeta, Rey, Señor, Salvador, Juez y Redentor. También podríamos agregar a la lista algunas de las declaraciones «Yo soy» de Jesús. «Yo soy la resurrección»; «yo soy la vida»; «yo soy la verdad»; «yo soy el camino». No es difícil darnos cuenta que Jesucristo no puede ser totalmente encapsulado por ningún nombre o lista de títulos. El testimonio cristiano es que se nos invita a conocer personalmente a Jesús el Mesías y a responder a él con gozo.

Una respuesta musulmana

Los musulmanes tienen mucho respeto y amor hacia Jesús *(Isa)* el Mesías. Él es uno de los más grandes profetas de Alá. Negar que Jesús es un profeta es negar el islam. Los musulmanes creen sinceramente que Jesús (P y B) nació de una virgen, Maryam (María), por el decreto divino de Alá. Se hace referencia a él en el Corán como el hijo de María.

El Corán enseña que la venida del Mesías fue «buena nueva» (3:45). Describe su nacimiento de la siguiente manera:

Le enviamos [a María] Nuestro Espíritu y éste se le presentó como un mortal acabado. Dijo ella: «Me refugio de ti en el Compasivo [...]» Dijo él: «Yo soy sólo el enviado de tu Señor para regalarte un muchacho puro». Dijo ella: «¿Cómo puedo tener un muchacho si no me ha tocado mortal [...]?» «Así será», dijo. «Tú Señor dice: 'Es cosa fácil para Mí. Para hacer de él signo para la gente y muestra de Nuestra misericordia'. Es cosa decidida». (19:17-21)

Por otra parte, los musulmanes están auténticamente opuestos a la creencia cristiana que Isa (P y B) era divino o «Hijo de Dios». La base de esta objeción musulmana es coránica. Alá dice, «Es impropio de Dios adoptar un hijo. ¡Gloria a Él! Cuando decide algo, le dice tan sólo: "¡Sé!" y es» (19:35).[34]

El Corán testifica que Isa (P y B) ordenó a los hijos de Israel, a quienes fue enviado como mensajero, adorar a «Alá, mi Señor y vuestro Señor». Así que para los musulmanes, Isa (P y B) fue humano como los profetas anteriores y no una encarnación de Dios. El Corán explícitamente declara que Alá no ha engendrado ningún hijo, ni hay ningún dios junto a Él.

Este es el punto donde musulmanes y cristianos dolorosamente se separan. El tema es profundamente teológico y antropológico. La perspectiva cristiana de la encarnación pareciera comprometer la trascendencia y soberanía de Dios, al mismo tiempo que exalta a un mero hombre a un rango de semejanza a Dios. Al negar la encarnación, el islam en realidad está afirmando tanto la trascendencia absoluta de Dios como también la condición legítima del hombre como siervo y califa de Dios en la tierra.

La distancia entre cristianos y musulmanes se ensancha aún más por el silencio y no reconocimiento de los cristianos sobre Muhammad (P y B) como el Sello de los Profetas y sobre la guía final (el Corán) que fue revelado a él por Dios. Sin embargo recientemente Deedat ha demostrado convincentemente que la Biblia dice algo sobre Muhammad (P y B) en Deuteronomio 18:18: «Profeta les levantaré en medio de sus hermanos, como tú; y pondré mis palabras en su boca, y él les hablará todo lo que yo le mandare».[35]

Una aclaración cristiana

Los cristianos están de acuerdo con los musulmanes que Dios no «engendró» un hijo. Pensar que Dios ha engendrado un hijo sería un gran error porque sugeriría politeísmo y más aún, sería una base para

---

34. Ver también: 19:88-93; 18:4-5; 2:116-117; 6:101-102.
35. Ahmad Deedat, *What the Bible Says About Muhammad* [Lo que la Biblia dice sobre Muhammad], (Durban: Islamic Propagations Centre, 49 Madressa Arcade, sin fecha), pp. 1-28. En este libro el autor muestra que en todos los sentidos Muhammad (P y B) fue como Moisés, y Jesús no se pareció en nada a Moisés. Moisés y su pueblo, los judíos, son tratados aquí como una entidad racial y como tal sus hermanos serían sin duda los árabes, todos provenientes del mismo padre, Abraham, pero con madres diferentes, Agar y Sara. También señala que Muhammad (P y B) (a diferencia de Jesús) fue iletrado y las palabras (revelación) fueron de hecho puestas en su boca, tal como lo menciona la profecía, «pondré mis palabras en su boca» (Deuteronomio 18:18). Muhammad (P y B) es hermano de los israelitas porque fue descendiente de Ismael, el hijo de Abraham.

el antropomorfismo. Los cristianos concuerdan que Dios no engendró ni engendrará jamás un hijo.

Jesús el Mesías, como Hijo de Dios, revela algo completamente diferente. Revela una relación perfecta entre Dios y el Mesías. La filiación de Cristo es una descripción de perfecto amor y comunión entre Dios y el Mesías.

Recordemos que los cristianos creen que el Mesías es la encarnación de la Palabra eterna de Dios. ¡Dios no engendra su Palabra! El Verbo es eterno, coexistente con Dios, la auto-expresión perfecta de Dios.

Hay que mantener juntos los dos conceptos, Hijo y Verbo, para entender el testimonio cristiano de que el Mesías es Emanuel, Dios con nosotros.

20

Salvación

La experiencia cristiana

Nicodemo era un respetado líder de los judíos que vino a Jesús secretamente de noche para aprender sobre la salvación. Jesús le dijo:

—De cierto, de cierto te digo, que el que no naciere de nuevo, no puede ver el reino de Dios.

Nicodemo le contestó:

—¿Cómo puede un hombre nacer siendo viejo? ¿Puede acaso entrar por segunda vez en el vientre de su madre, y nacer?

Jesús le respondió:

—De cierto, de cierto te digo, que el que no naciere de agua y del Espíritu, no puede entrar en el reino de Dios. Lo que es nacido de la carne, carne es; y lo que es nacido del Espíritu, espíritu es.

Nicodemo preguntó:

—¿Cómo puede hacerse esto?

Jesús continuó diciendo:

—Porque de tal manera amó Dios al mundo, que ha dado a su Hijo unigénito, para que todo aquel que en él cree, no se pierda, mas tenga vida eterna. Porque no envió Dios a su Hijo al mundo para condenar al mundo, sino para que el mundo sea salvo por él. (Lee toda la conversación en *Juan 3:1-21*).

Esta conversación nos revela que Dios, nuestro Padre celestial, envió a su Hijo al mundo para salvar a la humanidad. Aquellos que reciben a su Hijo, el Mesías, experimentan un nuevo nacimiento. Esta experiencia de salvación es un milagro del Espíritu de Dios. Dios como Padre, Hijo y Espíritu están unidos en una amorosa acción redentora. Nuestra aceptación y experiencia del amor de Dios en la Trinidad es la salvación.

¿Resulta difícil entenderlo? No te preocupes. Nicodemo se quedó perplejo también. Examinemos más de cerca la acción redentora de Dios como Padre, Hijo y Espíritu Santo. Necesitamos creer y recibir la acción redentora y salvadora de Dios como Padre, Hijo y Espíritu Santo, para experimentar la salvación.

Dios, nuestro Padre celestial, nos creó a imagen suya. Esto significa que somos más auténticamente humanos cuando vivimos en comunión gozosa con Dios. Adán y Eva, y todos nosotros hemos dado la espalda a nuestro Padre celestial, pero Dios nunca nos ha dejado. A lo largo de la historia él, reiteradamente, ha invitado a las personas a ser sus hijos del pacto de fe, a arrepentirse y a entrar en la experiencia de redención y salvación.

Sin embargo, nuestra pecaminosidad siempre nos impide experimentar comunión perfecta con Dios. Somos incapaces de vivir vidas justas porque somos pecadores.

El profeta Isaías se lamentaba: «Todos somos como gente impura; todos nuestros actos de justicia son como trapos de inmundicia» *(Isaías 64:6)*. Nuestra pecaminosidad nos separa de Dios. Aun el profeta Moisés no podía encontrarse con Dios cara a cara *(Éxodo 33:18-23)*. Estamos avergonzados y temerosos; sabemos que somos culpables. Experimentamos insinceridad e hipocresía. Frecuentemente la humanidad ha intentado cubrir su culpa con ofrendas y sacrificios de animales. No obstante, el sentido de una relación rota e imperfecta con Dios siempre está presente.

Sabemos que nuestro pecado nos ha separado de Dios. Aunque Dios invita a las personas a entra en pacto con él, la humanidad nunca logra mantenerse dentro del pacto. Aunque Dios ordena arrepentimiento, pocas veces escuchamos u obedecemos su llamado.

A raíz de eso, para salvarnos y redimirnos del pecado, Dios entró en la historia en *Jesucristo*, su Hijo amado. Tres dimensiones de la vida y obra de Jesús deben ser consideradas si queremos entender qué es la salvación.

Primero, la vida de Jesús el Mesías reveló el reino de Dios. De hecho, él fue la irrupción del reino de Dios en la historia. Él era la nueva creación, el nuevo Adán, el Adán del cielo, el tipo de Adán que deberíamos ser nosotros *(1 Corintios 15:45-50)*. Dios ordenó a Adán tener dominio sobre la tierra, pero Adán y toda la humanidad no hemos logrado tener dominio perfecto sobre la tierra. Sin embargo no fue así con Jesús. El Mesías, el nuevo Adán del cielo, tuvo dominio absoluto sobre la naturaleza. Caminó sobre agua; calmó la tormenta. Sanó a enfermos; multiplicó alimentos. Jesús sí tuvo dominio sobre la tierra.

También sabemos que deberíamos vivir vidas sin pecado, pero no vivimos piadosamente. Deberíamos establecer justicia, pero con frecuencia desestimamos los derechos de aquellos que son más débiles que nosotros. Sin embargo Jesús fue justo, vivió la justicia; nunca pecó. Jesús fue el tipo de Adán que nosotros deberíamos ser. Era el Señor de la naturaleza. Fue sin pecado; es el justo. Era el reino de Dios en la historia humana. Él fue la recreación, la irrupción de la misericordiosa voluntad de Dios para toda la humanidad. Jesús se relacionó con todos con perfecto poder, autoridad, justicia y amor. Era el auténtico humano. En él se cumplió el reino de Dios. En él tenemos salvación *(Hebreos 2:6-9)*.

Segundo, la crucifixión y muerte de Jesús el Mesías reveló el amor de Dios y el misterio más profundo del reino de Dios. Porque Dios es amor, nunca impondrá su voluntad sobre la humanidad. En lugar de forzarnos a obedecerle, Dios ha escogido aceptar —él mismo— toda nuestra hostilidad, violencia y odio. Dios en el Mesías aceptó nuestra rebelión con amor sufriente y abnegado.

Toda la humanidad está representada en la crucifixión de Jesús el Mesías. Incluidos allí están los líderes religiosos y los políticos; la chusma y el hombre corriente; los instruidos, ricos y profesionales; los pobres y desposeídos; mujeres y hombres; esclavos y libres; Europa, Asia, África, el mundo. Todos están involucrados en la trágica crucifixión de Jesús. Colgado él de la cruz, ellos meneaban sus cabezas y se burlaban, pero Jesús no guardó rencor, ni deseos de venganza. En lugar de eso clamó: «Padre, perdónalos» *(Lucas 23:34)*. En ese clamor de perdón reconocemos el horror de nuestro pecado y también el amor y el perdón de Dios. ¿Por qué rebelarnos contra Dios si él perdona, aún mientras crucificamos al Mesías, el ungido, el totalmente justo, el Hijo de Dios? La cruz reveló el amor y el perdón de Dios de la manera más profunda. En ese perdón encontramos que somos aceptados por Dios.

En el momento que Jesús entregó su vida en la cruz, la cortina del templo en Jerusalén se rasgó de arriba abajo de forma milagrosa *(Lucas 23:44-45)*. Esta cortina era la barrera en el templo que separaba el lugar santo del santísimo. Los israelitas creían que la gloria de Dios estaba presente en el lugar santísimo. Solo el sumo sacerdote podía entrar en la presencia de la gloria de Dios, apenas una vez al año. Cuando Jesús fue crucificado, la cortina que escondía la gloria de Dios de la vista humana fue rasgada en dos. Esta rasgadura en la cortina era una señal que todas las barreras entre Dios y el hombre habían sido quitadas mediante la muerte de Jesucristo. Por lo tanto somos perdonados, aceptados. Podemos dirigirnos a Dios con gozo y confianza como «Padre». La barrera que nuestra pecaminosidad había creado entre Dios y nosotros fue quitada para siempre.

Al dar su vida en la cruz, Jesús el Mesías se ofreció como el sacrificio perfecto por nuestros pecados *(Hebreos 8-10)*. Hemos mencionado que muchos pueblos ofrecen sacrificios u ofrendas con la esperanza de que éstos cubran sus pecados y los salven del mal. En el Antiguo Testamento se le ordenaba a la gente realizar una multitud de sacrificios. Hasta Abraham ofreció un carnero como sacrificio, y de esta forma la vida de su hijo fue salvada por Dios. Estos eran señales apuntando hacia el sacrificio perfecto por el pecado: Jesús el Mesías. Sabemos que merecemos el castigo porque somos pecadores. Jesús llevó el castigo por nuestro pecado. En Cristo, Dios mismo aceptó la pena, el dolor y el castigo de nuestra pecaminosidad. Sabemos que

«la paga del pecado es muerte» *(Romanos 6:23)*. Jesús sufrió la muerte por nosotros para que tengamos vida. Leemos:

> Él fue traspasado por nuestras rebeliones, y molido por nuestras iniquidades; sobre él recayó el castigo, precio de nuestra paz, y gracias a sus heridas fuimos sanados *(Isaías 53:5)*.

Tercero, experimentamos salvación por medio de la resurrección de Jesús el Mesías. Cuando nos separamos de Dios, experimentamos la muerte. Satanás es el príncipe de los poderes de la muerte. Él y todos los ángeles y espíritus malignos que dirige son campeones de la muerte. Satanás estaba contento cuando Jesús fue crucificado. La muerte es su negocio. Sin embargo, Dios levantó a Jesús de entre los muertos. La resurrección del Mesías fue la derrota de la muerte. El poder de Satanás fue roto; no ganará la muerte. La resurrección y la vida triunfarán.

Dios quiere que experimentemos la nueva vida revelada en la resurrección de Jesucristo. Así como el Mesías se levantó de entre los muertos, también los que creemos resucitaremos para vida eterna. Aunque nuestros cuerpos biológicos tengan que morir, al final de la historia todos seremos resucitados con cuerpos nuevos y glorificados, así como Jesús fue levantado de entre los muertos *(1 Corintios 15)*.

Así como la resurrección de Jesucristo representa la derrota de Satanás y los espíritus malignos que son los campeones de la muerte, también nosotros experimentamos victoria sobre todos los poderes espirituales de la muerte, cuando abrimos nuestras vidas al poder del Mesías resucitado. Dios puso todas las potestades bajo la autoridad del Mesías resucitado y glorificado. Los que creemos en él, experimentamos liberación del temor y de la esclavitud a todas las potestades y espíritus malignos *(Efesios 1:15-23)*.

Dios designó al Mesías resucitado para ser el intercesor entre Dios y la gente. La Biblia dice: «Cristo no se nombró Sumo Sacerdote a sí mismo, sino que Dios le dio ese honor» *(Hebreos 5:5,* DHH). Dios designó al Mesías resucitado y glorificado para ser nuestro intercesor porque el Mesías vivió entre nosotros y nos comprende perfectamente. Él experimentó las mismas tentaciones y penas que nosotros, pero sin pecar *(Hebreos 2:18)*. Debido a que Dios designó al Mesías para ser el mediador perfecto entre Dios y los hombres, los cristianos oran a su Padre celestial en el nombre de Jesús el Mesías. Jesús mismo prometió: «Mi Padre les dará todo lo que le pidan en mi nombre» *(Juan 16:23)*.

El Espíritu de Dios también está involucrado en nuestra experiencia de salvación. Jesús le dijo a Nicodemo que debía nacer de agua y del Espíritu. ¿Cuál es la obra del Espíritu al traer salvación?

Fue el Espíritu quien reveló la Palabra de Dios a los profetas del Antiguo Testamento. Ese mismo Espíritu nos revela la verdad de Dios hoy día. Todo lo que hemos dicho respecto a Dios y la vida y obra de Jesús el Mesías no tiene ningún sentido, a menos que estemos abiertos a escuchar la voz y el testimonio del Espíritu de Dios. Por medio del Espíritu Santo somos guiados a toda la verdad. Mediante el Espíritu Santo la vida del Mesías resucitado y triunfante se convierte en parte de nuestra propia experiencia. Cuando nos arrepentimos y creemos, el Espíritu recrea la imagen verdadera de Dios en nosotros.

Dios prometió, a través del profeta Jeremías, que Él haría un nuevo pacto con la humanidad creando un corazón nuevo en cada creyente. Esto es una nueva creación. El Espíritu de Dios realiza este milagro de gracia y poder en el creyente. En el Nuevo Testamento leemos: «Este es el pacto que haré con ellos, después de aquellos días, dice el Señor: pondré mis leyes en sus corazones, y en sus mentes las escribiré

[...] y nunca más me acordaré de sus pecados y de sus transgresiones»
(Hebreos 10:16-17).

Jesús el Mesías llamó este nuevo pacto y esta nueva creación el
nuevo nacimiento. Cuando aceptamos el amor salvífico de Dios revelado en Jesús el Mesías, el Espíritu de Dios empieza a recrearnos.
Empezamos a vivir en el reino de Dios. Empezamos a experimentar
la nueva creación celestial, que Jesús representó de manera tan cabal.
Nos volvemos cada vez más como Jesús. Llegamos a ser personas libres
para amar con gozo.

Experimentamos la salvación cuando recibimos el amor y el
perdón de Dios, que fueron revelados en Jesús el Mesías y que están
presente con nosotros ahora a través del Espíritu Santo de Dios. En la
vida, muerte y resurrección de Jesucristo, el amor de Dios fue revelado
perfectamente. Mediante el Espíritu Santo experimentamos personalmente Su amor. Dios envió a su Hijo al mundo «para que el mundo
sea salvo por él» *(Juan 3:17)*. Dios ha enviado al Espíritu Santo, «el
Espíritu de su Hijo a nuestros corazones, clamando: ¡Abba! ¡Padre!»
(Gálatas 4:6). El único y verdadero Dios que conocemos como Padre,
Hijo y Espíritu Santo, en perfecta unidad, perfecto amor y perfecta
unicidad, nos redime y nos salva mediante su amor abnegado.

En el idioma hebreo, el nombre *Jesús* significa: «Yahvé salva». La
salvación que experimentamos creyendo en Jesucristo incluye:

- Comunión justa y gozosa con Dios, reconciliación con Dios.
- Reconciliación con nuestro prójimo.
- Perdón de pecados.
- Una nueva creación o un nuevo nacimiento de la imagen ver-
  dadera de Dios en nosotros.
- Bendición y plenitud personal.
- La experiencia del amor de Dios y el privilegio gozoso de di-
  rigirnos a Dios como Padre.
- La muerte derrotada; vida eterna y la seguridad de resucitar de
  entre los muertos.
- Victoria sobre el pecado y todos los espíritus y potestades ma-
  lignos.
- Participación en el reino de Dios, ahora y eternamente.

Podríamos mencionar muchos más. En su sentido más profundo y
simple, la salvación es la experiencia del amor de Dios. Experimenta-

mos salvación al creer en —y comprometernos totalmente con— Jesús el Mesías, aquel mediante quien Dios se reveló como el Salvador que nos ama redentoramente.

Después que Cristo resucitó de los muertos y fue recibido en el cielo, dos líderes cristianos, Pablo y Silas, fueron encarcelados por expulsar espíritus malignos de una niña esclava en Filipo, región de Macedonia, Grecia. Esa misma noche hubo un terremoto. Las puertas de la cárcel se abrieron. El carcelero estaba a punto de suicidarse porque temía que los prisioneros hubieran escapado, pero Pablo y Silas le dijeron que ninguno se había ido.

> Les dijo: Señores, ¿qué debo hacer para ser salvo? Ellos dijeron: Cree en el Señor Jesucristo, y serás salvo, tú y tu casa.
> *(Hechos 16:30-31)*

El testimonio cristiano es que las personas que creen en Jesús el Mesías experimentan la salvación y vienen a formar parte de la comunidad del nuevo pacto, llamada la iglesia. En el próximo capítulo trataremos la naturaleza y obra de la iglesia. También comentaremos sobre el plan de Dios para la iglesia y el rol de la iglesia en el reino de Dios.

Una respuesta musulmana

Desde la experiencia cristiana, la salvación se centra en la misión y crucifixión de Jesucristo. Esta perspectiva en verdad contrasta con la experiencia musulmana.

Según el islam, Jesucristo *(Isa)* (P y B), hijo de María, fue un gran apóstol de Dios. Fue enviado para seguir la pisadas de los profetas y para confirmar la Ley enviada antes que él. Se le dio el Evangelio *(Inyil)* como luz y guía para la humanidad. El Corán relata: «Y como enviado a los Hijos de Israel: 'Os he traído un signo que viene de vuestro Señor. [...] Y en confirmación de la *Tora* anterior a mí'» (3:49-50).

El profeta Isa (P y B), como muchos profetas antes que él, hizo milagros. Sanó a los dementes y ciegos, curó a los leprosos, resucitó a los muertos. Hizo estos milagros por voluntad de Alá. El propósito de los mismos era corroborar la verdad de su misión. El papel importante concedido al profeta Isa (P y B) no lo convirtió en «Hijo de Dios» ni lo distinguió como el único Salvador para la humanidad. De hecho, el profeta Isa (P y B) fue solo un siervo y mensajero de Alá. El Corán dice: «No hay nadie en los cielos ni en la tierra que no venga al Compasivo sino como siervo» (19:93).

El testimonio cristiano que el hombre es perdonado debido a la crucifixión de Jesús, no está de acuerdo con la creencia musulmana. El fin terrenal del profeta Isa (P y B) está envuelto en misterio y muchos musulmanes prefieren no ir más allá de la explicación dada por el Corán. Sobre este tema el Corán nos dice:

> Y por haber dicho [ufanándose]: «Hemos dado muerte al Ungido, Jesús, hijo de María, el enviado de Dios», siendo así que no le mataron ni le crucificaron, sino que les pareció así. Los que discrepan acerca de él, dudan. No tienen conocimiento de él, no siguen más que conjeturas. Pero, ciertamente, no le mataron, sino que Dios lo elevó a Sí. Dios es poderoso, sabio. (4:157-158)

Según la creencia verdadera del islam, parecería totalmente inapropiado que el Mesías muriera por medio de una vergonzosa crucifixión. Dios, que es justo, no habría permitido que el piadoso Mesías sufriera de esa manera. Los musulmanes creen que Alá salvó al Mesías de la ignominia de la crucifixión, así como Alá también salvó al Sello de los Profetas de la ignominia después de la Hégira.

Más aún, el islam no se identifica con la convicción cristiana que el hombre necesita ser redimido. La creencia cristiana en la muerte sacrificial y redentora de Cristo no cuadra con la perspectiva musulmana que el hombre siempre ha sido fundamentalmente bueno, y que Dios ama y perdona a quienes obedecen su voluntad.

El islam es el camino de la paz. La perspectiva musulmana, en contraste total con la experiencia cristiana, es que el hombre experimenta la paz mediante una completa sumisión a la dirección y misericordia de Dios. Jesucristo (P y B), al igual que muchos profetas antes que él, y Muhammad (P y B), el Sello de los Profetas, fueron ambos ejemplos de la misericordia de Dios a la humanidad.

Una aclaración cristiana

Quizás la perspectiva cristiana y la musulmana de la crucifixión de Cristo estén más cerca que lo que parece. El evangelio enfatiza que Jesús el Mesías entregó su vida. Él dijo:

Yo doy Mi vida para tomarla de nuevo. Nadie Me la quita, sino que Yo la doy de Mi propia voluntad. Tengo autoridad para darla, y tengo autoridad para tomarla de nuevo. Este mandamiento recibí de Mi Padre. *(Juan 10:17-18,* NBLH)

La crucifixión de Cristo fue un drama de suprema abnegación. El Mesías mismo dio su vida; nadie podía quitársela, porque ciertamente nadie podía matar la Palabra eterna de Dios. Aunque se dio a sí mismo hasta la muerte en la cruz de manos de personas malignas, no pudieron destruirlo. ¡Resucitó de la tumba! Ciertamente los cristianos concordarían que la muerte no triunfó sobre el Mesías. En su resurrección, él triunfó sobre la muerte.

21

La iglesia

La comunidad cristiana

La iglesia fue creada por Dios en la fiesta de Pentecostés, cincuenta días después de la muerte y resurrección de Jesús el Mesías. Durante su última aparición tras su resurrección, Jesús le dijo a sus discípulos que esperaran en Jerusalén hasta que hubieran recibido al Espíritu Santo *(Hechos 1:4-5)*. Cuarenta días después de su resurrección, Jesús el Mesías fue recibido en el cielo. Los discípulos obedecieron a Jesús y permanecieron en un aposento alto en Jerusalén, esperando al Espíritu Santo. Pasaron el tiempo orando, ayunando y esperando; unas ciento veinte personas estuvieron presentes *(Hechos 1)*.

Los discípulos esperaron diez días hasta el festival de Pentecostés. Esta fiesta era una celebración judía de agradecimiento por los primeros frutos de la cosecha. Fue en el día de Pentecostés que Dios bendijo a los discípulos con el Espíritu Santo. Leemos:

> De repente, vino del cielo un ruido como el de una violenta ráfaga de viento y llenó toda la casa donde estaban reunidos. Se les aparecieron entonces unas lenguas como de fuego que se repartieron y se posaron sobre cada uno de ellos. Todos fueron llenos del Espíritu Santo y comenzaron a hablar en diferentes lenguas, según el Espíritu les concedía expresarse.
> *(Hechos 2:2-4)*

El sonido de este evento fue escuchado afuera, y gente de diferentes partes de Jerusalén vinieron a escuchar y ver lo que había sucedido. Cada persona escuchó el evangelio proclamado en su lengua nativa:

«Partos, medos y elamitas; habitantes de Mesopotamia, de Judea y de Capadocia, del Ponto y de Asia, de Frigia y de Panfilia, de Egipto y de las regiones de Libia cercanas a Cirene; visitantes llegados de Roma; judíos y prosélitos; cretenses y árabes» *(Hechos 2:9-11)*. Estaban asombrados porque milagrosamente, al alabar los discípulos al Señor, cada persona escuchaba el Evangelio *(Inyil)* en su lengua nativa.

El apóstol Pedro se levantó y empezó a predicar el evangelio a la gente reunida. Después de escuchar el evangelio, gritaron: «Hermanos, ¿qué debemos hacer?»

«Arrepiéntase y bautícese cada uno de ustedes en el nombre de Jesucristo para perdón de sus pecados —les contestó Pedro—, y recibirán el don del Espíritu Santo» *(Hechos 2:37-38)*.

Las personas respondieron al evangelio y cerca de tres mil fueron bautizadas ese día. Ese fue el principio de la iglesia cristiana que ahora ha crecido hasta incluir a cientos de millones de personas viviendo en casi cada país del mundo. ¿Qué es esta nueva comunidad de fe creada por Dios en Pentecostés hace casi dos mil años? ¿Cuál es la naturaleza de la iglesia que atrae a millones de nuevos creyentes cada año? ¿Quién es la iglesia?

Las personas creyentes son la iglesia

Ya hemos mencionado que Jesús, durante su ministerio, llamó a doce discípulos para que lo siguieran. Venían de diferentes trasfondos. Algunos eran pescadores, otro era un recaudador de impuestos, y al menos uno había pertenecido a un movimiento guerrillero de liberación (Lucas 6:13-14). Jesús formó a los discípulos en una nueva comunidad que reconocía a Jesucristo como Señor.

La fe de los discípulos fue revelada en la respuesta de Pedro a la pregunta de Jesús:

—Y ustedes, ¿quién dicen que soy yo?

—Tú eres el Cristo, el Hijo del Dios viviente —afirmó Simón Pedro.

—Dichoso tú, Simón, hijo de Jonás —le dijo Jesús—, porque eso no te lo reveló ningún mortal, sino mi Padre que está en el cielo. *(Mateo 16:15-17)*

La iglesia es la gente que ha creído en Jesucristo y lo ha recibido como Señor y Salvador. Esa es la roca sobre la que está edificada la iglesia.

Aunque Pedro y los discípulos creyeron en Jesús el Mesías, fueron débiles en su fe. Cuando Jesús fue crucificado, la mayoría de los discípulos huyeron. Hasta Pedro negó conocer a Jesús. No fue sino hasta después de la resurrección de Jesús el Mesías y el derramamiento poderoso del Espíritu de Dios sobre los discípulos el día de Pentecostés que ellos llegaron a ser testigos valientes del evangelio. Cuando fueron llenados del Espíritu de Dios, tuvieron el poder para testificar y convertirse en el tipo de personas que Jesús había vislumbrado cuando dijo que los poderes de la muerte no prevalecerán contra la iglesia.

La iglesia es la gente que cree en Jesucristo. La iglesia no es un edificio, aunque a veces nos referimos al lugar donde los cristianos adoran como un iglesia. Sin embargo, en el Nuevo Testamento, la palabra iglesia nunca se refiere al edificio. De hecho, por muchas generaciones los primeros cristianos no se reunieron en edificios especiales para adorar. Se reunían en los hogares. En muchos lugares, hasta el día de hoy, ¡los cristianos adoran en casas de creyentes o bajo la sombra de un árbol! Las personas que creen en Jesús son la iglesia cristiana. Los creyentes cristianos deben reunirse regularmente en el nombre de Jesucristo. Los cristianos reunidos en comunión son la iglesia.

Jesús dijo: «Porque donde están dos o tres congregados en mi nombre, allí estoy yo en medio de ellos» *(Mateo 18:20)*. Jesús, el Mesías glorificado, está presente en medio de los creyentes a través de la presencia del Espíritu Santo. Dondequiera que los creyentes se reúnen en el nombre de Jesucristo, perciben que él está presente en medio de ellos. Oran en el nombre de Jesús. Sus oraciones son contestadas. Confiesan sus pecados y experimentan en sus espíritus que son realmente perdonados. Piden dirección y sienten la guía sabia del Señor. Oran por fortaleza y encuentran renuevo, frescura, poder, paz, gracia y amor. Saben que Jesús está en medio de ellos cuando se reúnen en su nombre.

Después de reunirse, los cristianos se dispersan para continuar su trabajo normal —educación, agricultura, negocios o lo que sea—. Luego nuevamente, quizás un día o una semana más tarde, se reúnen en el nombre de Jesús. Vuelven a sentir que él está presente entre ellos. Ellos son la iglesia, los que se reúnen en el nombre de Jesús y luego se dispersan por el mundo. La iglesia es la gente que se reúne en el nombre de Jesús y después se dispersa. La comunidad de fe cristiana que se reúne y dispersa es la iglesia.

Liderazgo en la iglesia

La iglesia tiene líderes y organización. El plan de liderazgo para la iglesia tuvo sus inicios con Jesús y sus discípulos. Después de la muerte y resurrección del Mesías, sus amigos más cercanos fueron llamados por Dios para ser apóstoles y líderes de la iglesia. Pronto los apóstoles necesitaron ayuda administrativa para manejar asuntos financieros, especialmente en relación a las viudas pobres en la iglesia de Jerusalén. Bajo la dirección del Espíritu Santo, siete hombres fueron seleccionados como asistentes de los apóstoles. Éstos fueron ordenados para su ministerio por la oración e imposición de manos de los apóstoles (Hechos 6:1-6). Más tarde estos asistentes apostólicos fueron llamados diáconos.

Al empezar a multiplicarse las congregaciones, cada congregación local también necesitó líderes. Estos líderes locales fueron seleccionados bajo la dirección del Espíritu Santo después de orar y ayunar. Se les llamó ancianos y también fueron ordenados por la imposición de manos de los apóstoles *(Hechos 14:23)*.

Conforme envejecían los apóstoles y ya no lograban dar suficiente liderazgo a la creciente iglesia, obispos fueron escogidos y ordenados. Al salir de escena los apóstoles, los obispos tomaron su lugar como líderes máximos de la iglesia. De esta manera vemos que desde el principio la iglesia desarrolló un ministerio tripartito: obispos, diáconos como asistentes de los obispos, y ancianos para dirigir las congregaciones locales. Todos eran ordenados por la imposición de manos de los líderes de la iglesia.

Hoy día, la mayoría de las iglesias cristianas tienen un estilo de liderazgo más o menos similar a la desarrollada por iglesia primitiva. Por supuesto que hay muchas variaciones, pero el patrón general de liderazgo ordenado se practica en la mayoría de las iglesias. Esta organización simple pero efectiva, ayuda grandemente a la iglesia a hacer su trabajo en el mundo.

Cultura e iglesia

A medida que la iglesia fue creciendo, empezó a experimentar considerables diferencias culturales en su comunidad. Por ejemplo, los cristianos judíos practicaban la circuncisión mientras que los gentiles no. Gentiles y judíos vestían de forma diferente y comían comidas diferentes. La iglesia estaba perpleja. ¿Deberían todos los cristianos tener las mismas prácticas culturales? En el Antiguo Testamento, toda la gente del pacto pertenecía a la misma cultura. ¿Era esto necesario bajo el nuevo pacto? La circuncisión fue un asunto particularmente difícil porque en el Antiguo Testamento era la señal de que un hombre era miembro de la comunidad del pacto.

Este tema finalmente llevó a un gran concilio, que fue realizado en Jerusalén alrededor del 43 d.C. Los apóstoles y otros líderes de las iglesias estudiaron lo que el Antiguo Testamento decía sobre la creación de la iglesia por medio del poder del Espíritu. También escucharon informes sobre lo que el Espíritu Santo estaba haciendo en las vidas de cristianos gentiles que se habían convertido en personas justas después de recibir el don del Espíritu de Dios. Finalmente la iglesia decidió que los cristianos gentiles deberían tener la libertad de mantenerse dentro de su cultura después de hacerse cristianos. No estaban obligados a observar las ordenanzas dietéticas judías o del Antiguo Testamento, o prácticas tales como la circuncisión. Sin embargo, debían abstenerse de la maldad, como la inmoralidad sexual y ciertas prácticas relacionadas con la idolatría *(Hechos 15:1-35)*.

La decisión del Concilio de Jerusalén es significativa, ya que determinó para siempre que la iglesia cristiana debe tener diversidad cultural. Dondequiera que el evangelio va, las personas son invitadas a aceptar las buenas nuevas de salvación por medio de Cristo, luego a poner el evangelio en práctica en su propia situación local. Deben vestir su experiencia cristiana con su propio ropaje cultural. Es por esta razón que la iglesia cristiana tiene más diversidad cultural que cualquier otra comunidad religiosa sobre la tierra. Los cristianos en cada sociedad tienen la libertad de permanecer en su propia cultura como creyentes en Jesucristo.

Sin embargo, los cristianos también experimentan una asombrosa unidad. La Biblia dice: «Hay un solo cuerpo y un solo Espíritu, así como también fueron llamados a una sola esperanza; un solo Señor, una sola fe, un solo bautismo; un solo Dios y Padre de todos, que está sobre todos y por medio de todos y en todos» *(Efesios 4:4-6)*. La unidad de la iglesia hace posible que los cristianos experimenten amor fraternal y unidad aun en medio de la diversidad cultural. La Escritura dice: «Ya no hay judío ni griego, esclavo ni libre, hombre ni mujer, sino que todos ustedes son uno solo en Cristo Jesús» *(Gálatas 3:28)*.

Diversidad y cooperación en la iglesia

A veces la diversidad ha llevado a malos entendidos entre cristianos. Algunas diferencias han llevado a la formación de grupos particulares de cristianos en la iglesia universal. Esta es una de las causas de la formación de denominaciones cristianas. Por ejemplo, una razón del desarrollo de la iglesia anglicana en Inglaterra durante el siglo XVI fue el deseo de los ingleses de tener una iglesia nacional que afirmara aspectos deseables de la cultura inglesa. Esta iglesia se formó más bien por razones culturales y nacionales que por razones doctrinales o teológicas. De forma similar, algunas iglesias africanas independientes modernas se han formado por el deseo de hacer el cristianismo más africano. Muchas veces las denominaciones se han desarrollado debido al deseo bueno y bíblico de permitir al evangelio florecer y crecer en una cultura particular.

Sin embargo no siempre es así. Algunas veces los cristianos se han dividido debido a serias diferencias de opinión acerca de lo que los cristianos deben creer o practicar. Una de estas divisiones fue la separación entre la iglesia católica y la protestante. No tenemos espacio para una discusión más profunda sobre las razones de esta división del siglo XVI. Pero debemos mencionar que una de las principales razones fue la diferencia de actitudes hacia la Biblia. Los protestantes creyeron que la Biblia debía ser la única base de autoridad en la iglesia. Los católicos sintieron que también era importante el testimonio del Espíritu Santo a través de las tradiciones y los líderes de la iglesia. Estos puntos de vista diferentes acerca de la base de la autoridad en la iglesia contribuyeron a la división entre las iglesias católica y protestante hace más de cuatrocientos cincuenta años. La iglesia protestante también se ha dividido en denominaciones debido a la diversidad cultural o teológica.

Los cristianos son conscientes que la diversidad cultural es correcta. La experiencia y el compromiso cristiano saludable fomentan la variedad. Al mismo tiempo, los cristianos son dolorosamente conscientes que las divisiones en la iglesia, que impiden la buena comunión entre los cristianos, son pecaminosas. Saben que tales divisiones son evidencia que los cristianos no tienen suficiente amor unos por otros. Confiesan el pecado de la división. En nuestra era moderna, los cristianos están encontrando que a veces el Espíritu Santo está ayudando a cristianos divididos a unirse en comunión como hermanos y hermanas en Jesucristo. Están descubriendo que el amor de Dios les ayuda a sobreponerse a muchas de sus diferencias. Son capaces de trabajar juntos en el espíritu de amor y cooperación cristianos, aunque quizás no estén de acuerdo en ciertas cosas.

En algunos países, concilios de iglesias han sido formados para ayudar a los cristianos a expresar amor y cooperación unos con otros. También existen confraternidades cristianas mundiales, tal como el Concilio Mundial de Iglesias o la Alianza Evangélica Mundial que ayudan a los cristianos a colaborar juntos de mejores maneras. Por todo el mundo hoy día, los cristianos están reconociendo el pecado de sus divisiones. Están tratando de escuchar la voz del Espíritu Santo al intentar expresar el amor unos para con otros.

Millones de cristianos desean experimentar más plenamente el amor por el que Cristo oró justo antes de su crucifixión, cuando pidió «que sean perfectos en unidad» *(Juan 17:23)*. ¡Todavía no somos perfectos en unidad! Sin embargo, el Espíritu de Dios está trabajando entre los cristianos en muchas partes del mundo hoy. Les está ayudando a aceptar tanto variedad como unidad en Cristo.

Una respuesta musulmana

La *umma*, como la iglesia, no es un edificio. Es una comunidad de creyentes. Mientras que la iglesia es la gente que ha creído en Jesucristo, y lo ha recibido como Señor y Salvador, la *umma* es la comunidad que totalmente se somete a Alá y sigue las instrucciones de Su Sello de los Profetas (P y B). El liderazgo en la iglesia no se compara con el de la *umma*. La *umma* no tiene líderes ordenados según el modelo de la iglesia. En la *umma*, es la Palabra de Dios (Corán), la *sunna* (práctica) del Profeta Muhammad (P y B) y la *sharía* (ley divina de Dios) que son los principios rectores de la *umma*.

Aunque apreciamos que la iglesia ha aceptado la diversidad cultural, vemos que esto ha causado malentendidos entre los cristianos, al grado de causar divisiones en la iglesia. En contraste, el islam ha elaborado una cultura islámica única y universal, generalmente común a toda la *umma*. Existe algo de diversidad en la *umma*, pero idealmente la *umma* sobrepasa los límites étnicos, nacionales, lingüísticos y raciales. Por esta razón, los musulmanes no pueden hablar de un islam africano, turco, chino, o americano. Quizás por razones similares la *umma* no ha experimentado tantas divisiones como las que caracterizan a la iglesia hoy.

22

Adoración y comunión

La práctica cristiana

Si vives cerca de cristianos, notarás que por lo menos una vez a la semana se reúnen en un hogar, bajo un árbol, en un salón o en un edificio para adorar. El lugar donde los cristianos adoran no es importante. El aspecto importante de la adoración cristiana es la reunión de creyentes que adoran al único Dios verdadero que se ha revelado a sí mismo como Padre, Hijo y Espíritu Santo. Toda adoración cristiana verdadera reconoce a Dios como Padre, Salvador, y Espíritu que está con nosotros ahora. Los cristianos reconocen la naturaleza trina de Dios en adoración.

Esto es evidente cuando los cristianos oran. Oran a Dios, el amante Padre celestial, en el nombre de Jesús, el Hijo amado que ha revelado el amor redentor de Dios a la humanidad, y en el poder del Espíritu Santo que es la presencia de Dios en las vidas de los creyentes. Es esta experiencia cristiana de la naturaleza trina de Dios la que es común a toda la adoración cristiana en todo el mundo.

De otra manera no habría elementos comunes y compartido en la adoración cristiana. Recordemos que en el Concilio de Jerusalén en 43 d.C., la iglesia aprobó la diversidad cultural. Desde entonces la adoración cristiana ha reflejado diferencias considerables. Algunos cristianos oran con voces fuertes, todos a la vez. Otros tienen solo al líder de la congregación dirigiendo las oraciones. Algunos oran de pie, otros arrodillados. Algunos tienen una cruz o velas encendidas al frente de la iglesia, pero otros sienten que estos símbolos no son de ayuda y no los usan. Para algunos cristianos los rituales son muy significativos, para otros la predicación de la Palabra de Dios es el aspecto más importante de la adoración. Las prácticas de adoración cristiana son muy diversas, pero todas están unidas en una celebración de gratitud por el amor de Dios nuestro Padre, revelado a nosotros por medio de Jesucristo y presente con nosotros a través del Espíritu Santo.

Aunque los cristianos tienen gran diversidad en la adoración, varias prácticas son compartidas. Mencionaremos algunas.

Bautismo

Antes que Jesús subiera al cielo, Él ordenó a sus discípulos «vayan y hagan discípulos de todas las naciones, bautizándolos en el nombre del Padre y del Hijo y del Espíritu Santo, enseñándoles a obedecer todo lo que les he mandado a ustedes» *(Mateo 28:19-20)*. Los discípulos empezaron a cumplir este mandato el día de Pentecostés, cuando proclamaron el evangelio y cerca de tres mil personas se incorporaron a la iglesia creyendo en Jesús el Mesías y recibiendo el bautismo *(Hechos 2:37-42)*. Pareciera que la decisión de creer y el acto del bautismo van juntos. Desde ese día de Pentecostés, la iglesia ha bautizado a creyentes que son recibidos como miembros de la iglesia.

El bautismo es una ceremonia que involucra: (1) confesión de fe en Jesucristo ante Dios en presencia de testigos; y (2) recibir el bautismo con agua en el nombre del Padre, del Hijo y del Espíritu Santo. En algunas iglesias, los niños son bautizados, en cuyo caso los padres o tutores simbólicamente hacen la confesión de fe en lugar de los niños. Aquellos que bautizan niños lo consideran un símbolo de que niños inocentes también son miembros de la comunidad del pacto. En todas las iglesias, el agua es usada como símbolo de limpieza, la llenura del Espíritu y la aceptación dentro de la iglesia. En algunas iglesias, apenas unas gotas de agua son rociadas sobre la cabeza. En otras comunidades cristianas se vierte más agua. Y en otras, el candidato a miembro es hundido bajo el agua como símbolo de que sus pecados han quedado enterrados; cuando el candidato sale del agua después de su bautismo simboliza resucitar con Cristo a una vida nueva y eterna.

Algunos grupos cristianos bautizan a la persona casi inmediatamente después de confesar su fe en Jesucristo, pero la mayoría de las iglesias tienen un período de instrucción antes que el nuevo creyente pueda ser aceptado para el bautismo. Un nuevo creyente necesita instrucción por dos razones: (1) para enseñar al nuevo creyente las doctrinas y prácticas de la iglesia; (2) para tener un período de tiempo para ver si el nuevo creyente ha experimentado un cambio en su conducta. Los cristianos deben vivir en rectitud, y la mayoría de las iglesias requieren un período de tiempo para saber si el nuevo candidato al bautismo realmente ha experimentado cambios en su vida y conducta. Después de completar la instrucción cristiana, se lleva a cabo un culto público de bautismo.

En iglesias que bautizan a los niños, la práctica es un poco diferente. En estas iglesias, el joven que fue bautizado como niño es invitado a participar de clases de confirmación cuando se acerca a los doce años. Estas clases son similares a las que recibe un nuevo creyente antes de ser bautizado. Después que los líderes de la iglesia se hayan convencido que el candidato a ser confirmado es un cristiano comprometido y entiende las doctrinas y prácticas de la iglesia, se lleva a cabo un culto de confirmación en el que los que fueron bautizados de niños son recibidos como miembros plenos de la iglesia y se les invita a los cultos de comunión.

Culto dominical

Los cristianos deben reunirse para adorar y tener comunión con regularidad. Algunos cristianos se reúnen diariamente. Muchos se reúnen al menos una vez por semana. Normalmente la reunión semanal de los cristianos se lleva a cabo el domingo por la mañana. Esto es porque Jesús el Mesías resucitó de los muertos el domingo por la mañana. La reunión de los cristianos en domingo es una celebración y recordatorio de la resurrección de Jesús.

El culto de la iglesia el domingo por la mañana varía mucho entre un grupo y otro. Pero en todas las comunidades cristianas los aspectos centrales de la adoración son: confesión y celebración en agradecimiento por la salvación mediante Jesucristo, a quien Dios envió al mundo. En la mayoría de las iglesias leer la Biblia es un aspecto importante del culto de adoración. Se cantan himnos y se elevan oraciones. Generalmente algún líder proclama el evangelio en un sermón. Muchas iglesias también celebran la cena del Señor, comunión o santa cena en el culto dominical matutino.

La cena del Señor

La santa cena (comunión) es un recordatorio de la muerte y resurrección de Jesucristo. La fiesta de la pascua del Antiguo Testamento nos ayuda a entender su significado *(Éxodo 12)*. Cuando Dios liberó al pueblo hebreo de la esclavitud bajo Faraón, Él ordenó a cada familia sacrificar un cordero perfecto de un año y poner su sangre en los postes de la puerta y el dintel de la entrada al hogar. Luego la familia se reunió dentro de la casa y comió la carne asada del cordero sacrificado para darles fuerzas para el viaje.

Mientras las familias hebreas estaban en sus hogares comiendo el cordero asado, el ángel de Dios pasó por la tierra de Faraón y mató al primogénito de cada hogar que no tenía sangre en la puerta. Cuando los egipcios vieron lo que había sucedido, le pidieron a los hebreos que se fueran. En la historia hebrea este gran evento es llamado la Pascua, porque el ángel de la muerte pasó sobre[36] cada casa que tenía sangre sobre su puerta.

En agradecimiento a lo que Dios había hecho por ellos, cada año durante la Pascua los hebreos recordaban de manera especial que Dios los salvó de la esclavitud y de la muerte. Reconocían que el cordero perfecto que sacrificaban era símbolo de salvación.

Jesús fue crucificado durante la Pascua. La noche que fue arrestado comió la cena pascual con sus discípulos. Durante la misma tomó pan, lo partió y dijo: «Tomad, comed; esto es mi cuerpo». Después tomó una copa de vino y de manera similar lo dio a ellos diciendo:

> Bebed de ella todos; porque esto es mi sangre del nuevo pacto, que por muchos es derramada para remisión de los pecados. Y os digo que desde ahora no beberé más de este fruto de la vid, hasta aquel día en que lo beba nuevo con vosotros en el reino de mi Padre *(Mateo 26:26-29)*.

Esta fue la primera santa cena o culto de comunión. Fue instaurado por el mismo Jesucristo. La iglesia cristiana celebra la santa cena en lugar de la Pascua porque Jesús introdujo la santa cena durante la fiesta pascual. De hecho, los cristianos creen que la fiesta de la Pascua del Antiguo Testamento era una señal para preparar a la gente para entender y aceptar la crucifixión de Jesús como el sacrificio perfecto por el pecado. La Pascua era una señal apuntando al sacrificio posterior de Jesús en la cruz.

El pan es símbolo del cuerpo de Cristo. El vino simboliza su sangre derramada por nuestra salvación y perdón al ofrecerse en la cruz por nuestra redención.

---

36.   *Passover*, en inglés (N. del tr.).

La santa cena también es una señal de unidad. Jesús compartió una copa y partió un pan con sus discípulos. En la santa cena, toda la congregación bebe y come juntos de una sola copa y de un solo pan. De esta forma la iglesia experimenta una renovación de unidad en la comunión cristiana. La santa cena es una profunda celebración de unidad en Cristo.

La santa cena también revela reconciliación entre Dios y los seres humanos. Los elementos de la santa cena son señales de la presencia redentora de Dios entre las personas. Las dimensiones materiales y espirituales de la vida están unidas en la santa cena. La santa cena es una señal de que el humano, la criatura, es invitada a recibir la gracia divina. Es un símbolo de comer, de compañerismo y de comunión con Dios, nuestro amante Padre celestial.

Servicio

El servicio es también una dimensión de la adoración cristiana. El maravilloso regalo de la salvación, la gracia recreadora de Dios, la experiencia del amor redentor de Dios, la presencia del Espíritu Santo en la vida del creyente —todos estos liberan al discípulo del Mesías a servir libre y gozosamente—. La Biblia dice: «Por lo tanto, hermanos, tomando en cuenta la misericordia de Dios, les ruego que cada uno de ustedes, en adoración espiritual, ofrezca su cuerpo como sacrificio vivo, santo y agradable a Dios» *(Romanos 12:1)*.

La adoración verdadera incluye ofrecernos en servicio sacrificial a nuestro prójimo. Como muestra de servicio desinteresado, muchas congregaciones cristianas incluyen la recolección de dinero para ser usado en servicio de otros como parte de su expresión de adoración. Dar dinero en la experiencia de adoración es una señal de que porque Dios nos ha redimido, nosotros también nos ofrecemos en favor de otros.

Hemos mencionado varios aspectos significativos de la adoración cristiana. Todos son importantes. Algunos cristianos aprecian unos más que otros. Por ejemplo, muchos protestantes consideran la predicación el evento central de la adoración cristiana. Otros creen que el evento central es la comunión con otros creyentes. Los católicos, especialmente, creen que la santa cena o eucaristía es el evento central. Aún otros grupos pueden considerar cantar y regocijarse como central, mientras que otros dan más protagonismo a orar por los enfermos y echar fuera demonios en el nombre del Mesías resucitado y glorificado.

Estas diferencias en énfasis afectan la manera que los cultos de adoración son dirigidos. Por ejemplo, las iglesias protestantes suelen tener buenos sermones, mientras que las católicas son excelentes en rituales de comunión.

Sin embargo, las diferencias en las prácticas de adoración no deben opacar el evento central en toda comunión cristiana. El encuentro de cristianos para adorar es una expresión y celebración de la unidad y del amor de Dios. La adoración cristiana es una participación, con agradecimiento, en el amor redentor de Dios. Por esta razón, cuandoquiera que los cristianos se reúnen para adorar, sienten que la promesa de Jesús es real: «Donde están dos o tres congregados en mi nombre, allí estoy yo en medio de ellos» *(Mateo 18:20)*. Mediante la presencia del Espíritu de Dios en la congregación que adora, los cristianos experimentan que Jesús el Cristo está en medio de ellos.

Una respuesta musulmana

La práctica cristiana de adoración es bastante diferente de la musulmana. Es la experiencia cristiana de la naturaleza trina de Dios en la adoración lo que es común a toda adoración cristiana por doquier. De otra manera no habría una verdadera concordancia en la adoración cristiana. La persona de Jesucristo es central en dicha adoración.

Para los musulmanes la adoración es un término muy amplio que abarca más allá que la oración *(salat)*. Adoración *(ibadah)* es la sumisión en la que Alá es tu amo y tú eres su siervo, y así todo lo que hagas en obediencia a él es *ibadah*. Cada buena obra realizada procurando agradar a Alá es adoración. Esto puede ser una acción individual o colectiva. Hay algunos rituales de *ibadah* que han sido hechos obligatorios, y si no se cumplen, uno comete pecado o deja de ser musulmán.

El deber más importante de *ibadah*, tras el reconocimiento de la unicidad de Alá, es el *salat*. La oración musulmana, sea individual o congregacional, a diferencia de la manera cristiana de adorar, es uniforme en todo el mundo. Los rangos de los fieles, su movimiento al unísono detrás del imam (líder de la oración), mirando en la dirección de la Qibla, la *raká* (unidad) y el *suyud* (postración) que hace al creyente descender a tierra —todos estos rituales de la oración se realizan de la misma manera—. Existe concordancia en el lenguaje de la oración y en casi cada detalle de la misma.

La oración, el centro de la adoración en el islam, es a nadie más que el todopoderoso Alá. La oración debe ser ofrecida directamente a Alá y no a través de ningún intercesor.

23

Conducta correcta

El ideal cristiano

La iglesia cristiana no tiene ningún sistema organizado de ley universal para la conducta correcta. Algunas veces en la historia cristiana, algunos grupos han intentado crear una ley sistemática de conducta, pero esto nunca ha sido aceptable a la iglesia toda. Los cristianos no dependen de en un sistema de leyes para regular su conducta porque:

1. Jesús el Mesías enseñó: «Amarás al Señor tu Dios con todo tu corazón, y con toda tu alma, y con toda tu mente. Este es el primero y grande mandamiento. Y el segundo es semejante: Amarás a tu prójimo como a ti mismo. De estos dos mandamientos depende toda la ley y los profetas» *(Mateo 22:37-40).* El amor es la clave de toda moralidad cristiana. El amor verdadero por nuestro prójimo solo puede venir del corazón. No puede ser reducido a una serie de reglas. La actitud interna es lo significativo. El amor por nuestro prójimo es la base de la conducta cristiana.

2. El Espíritu Santo está presente en nosotros para guiarnos en la senda de la justicia. Antes que Jesús fuera crucificado, prometió que después de ser recibido en el cielo Dios enviaría al Espíritu Santo, quien «los guiará a toda la verdad» (Juan 16:13). Jesús también prometió que el Espíritu Santo «convencerá al mundo de pecado, de justicia y de juicio» (v. 8). El Espíritu Santo es la presencia personal de Dios en la experiencia del creyente cristiano y la iglesia. El Espíritu Santo guía al creyente y a la iglesia en verdad y justicia. Es imposible reducir este tipo de encuentro personal con Dios, quien es el único Justo, a un código ético formal. La justicia cristiana nace de una relación íntima con Dios. No puede ser codificada; es demasiado personal para eso.

3. El Espíritu Santo en la vida del creyente recrea la imagen de Dios que fue estropeada cuando los humanos dieron la espalda a Dios. Dios está interesado en que las personas sean recreadas en justicia. Obedecer, como esclavos, una serie de leyes no recrea a las personas. Pueden tener pensamientos malignos, aunque exteriormente parezcan justos. Jesús tenía una preocupación primordial por la persona interior, de donde originan la justicia o la maldad. Por esto Jesús reprendió a los líderes religiosos hipócritas de su tiempo diciendo:

> ¡Ay de ustedes, maestros de la ley y fariseos, hipócritas! Limpian el exterior del vaso y del plato, pero por dentro están llenos de robo y de desenfreno. ¡Fariseo ciego! Limpia primero por dentro el vaso y el plato, y así quedará limpio también por fuera. *(Mateo 23:25-26)*

En todo el Nuevo Testamento hay un énfasis tremendo en la necesidad de ser transformados, de ser recreados, de llegar a ser como Cristo en nuestro ser interior. El apóstol Pablo escribió bajo la inspiración del Espíritu Santo:

> Con respecto a la vida que antes llevaban, se les enseñó que debían quitarse el ropaje de la vieja naturaleza, la cual está corrompida por los deseos engañosos; ser renovados en la actitud de su mente; y ponerse el ropaje de la nueva naturaleza, creada a imagen de Dios, en verdadera justicia y santidad. *(Efesios 4:22-24)*

Personas recreadas viviendo bajo la dirección del Espíritu Santo necesitan principios para ayudarles a evaluar si realmente están viviendo «a imagen de Dios, en verdadera justicia y santidad». ¿Qué principios de justicia reveló el Espíritu Santo por medio de los profetas de antaño? ¿Qué principios de justicia enseñó Jesús el Mesías? ¿Qué características de la verdad revela el Espíritu Santo al pueblo del pacto hoy día? Veremos brevemente algunas enseñanzas morales básicas que nos han sido reveladas por medio del profeta Moisés y a través de la vida y enseñanzas de Jesús el Mesías.

Gran parte de la *Tora* consiste de enseñanzas sobre la conducta correcta y la adoración, las cuales Dios reveló al profeta Moisés. Estos principios de conducta correcta están resumidos en los Diez Mandamientos que Dios reveló al pueblo del pacto en el monte Sinaí *(Éxodo 20:1-17)*. Un resumen de estos mandamientos es como sigue:

1. No tendrás otros dioses, excepto el único Dios verdadero.
2. No te harás ninguna imagen como objeto de adoración.
3. No usarás el nombre del Señor tu Dios con liviandad.
4. Acuérdate del día de reposo para santificarlo.
5. Honra a tu padre y a tu madre.
6. No matarás.
7. No cometerás adulterio.
8. No robarás.
9. No mentirás en cuanto a tu prójimo.
10. No codiciarás nada que pertenezca a tu prójimo.

Los cristianos de todo el mundo reconocen que estos Diez Mandamientos son correctos. Todos los cristianos deben regirse por principios revelados en los Diez Mandamientos. Están basados en el principio de amor hacia Dios y las personas.

En otras porciones de la *Tora*, Dios reveló que debemos amar a Dios y a nuestro prójimo *(Deuteronomio 6:4; Levítico 19:18)*. Cuando Jesús el Mesías apareció, él afirmó que el mandato de amar es el mayor mandamiento de todos; todos los demás mandamientos de la Biblia se resumen en la ley del amor. Jesús dijo que de estos mandamientos de amar «dependen toda la ley y los profetas» *(Mateo 22:40)*. Es por esta razón que Jesús ordenó a sus discípulos «que se amen los unos a los otros» *(Juan 15:12)*. Por medio de su vida y enseñanzas, Jesús el Mesías enseñó a las personas el significado del amor.

En el capítulo anterior, dijimos que Jesús sirvió a las personas sanándolas y cuidando de sus necesidades. Él aceptó y perdonó a los pecadores. El perdón que expresó por medio de su crucifixión es la revelación suprema del amor. Sin embargo, no son solo sus hechos los que revelan su amor, sus enseñanzas también son de ayudan.

En una ocasión Jesús llevó a sus discípulos a un monte cerca del mar de Galilea para enseñarles principios morales basados en el amor. Les explicó que la justicia verdadera depende del compromiso espiritual interno para con Dios. Estas enseñanzas son conocidas como el Sermón del Monte y están registradas en *Mateo* capítulos 5 al 7.

Jesús el Mesías comenzó el Sermón del Monte diciendo: «Bienaventurados los pobres en espíritu, porque de ellos es el reino de los cielos» *(Mateo 5:3).* Los cristianos creen que el reino es «justicia, paz y gozo en el Espíritu Santo» *(Romanos 14:17).* Jesús dijo que los pobres en espíritu entran o heredan este reino. Solo aquellos que reconocen que son pecadores, que reconocen que no están viviendo en una relación correcta con Dios, son los que buscan el perdón. Solo estas personas «pobres» experimentan la gracia salvadora de Dios. Los pobres en espíritu están dispuestos a recibir salvación a través de Jesús el Mesías. Son las personas necesitadas que abren sus vidas al poder recreador del Espíritu Santo. Son los que entran en el reino de los cielos.

Estas personas «pobres en espíritu» experimentan una recreación interna de actitudes que afecta todas sus relaciones. Jesús dio ejemplos específicos del cambio de actitud que las personas que han entrado en el reino de los cielos deben experimentar. Aquí hay algunos ejemplos:

Paz *(Mateo 5:21-26)*

En los Diez Mandamientos leemos: «No matarás». Pero Jesús el Mesías enseñó que odiar también es malo. Es el odio el que lleva a la gente a matar. Debemos librarnos de actitudes malignas hacia otras personas. Jesús dijo: «Pero yo os digo que cualquiera que se enoje contra su hermano, será culpable de juicio» (v. 22).

Matrimonio *(Mateo 5:27-32)*

Uno de los Diez Mandamientos dice: «No cometerás adulterio» *(Éxodo 20:14).* Pero Jesús el Mesías dijo que cualquier deseo por una mujer que no es la esposa de uno, es pecado. El dijo: «Pero yo les digo que cualquiera que mira a una mujer y la codicia ya ha cometido adulterio con ella en el corazón» *(Mateo 5:28).* El adulterio destruye el matrimonio y al que adultera. El adulterio es malo. Por esta razón Jesús dijo que si cualquier parte de tu cuerpo, tal como el ojo, te tienta a pecar, es mejor sacarte el ojo que ceder a la tentación: «Más te vale perder una sola parte de tu cuerpo, y no que todo él sea arrojado al infierno» (v. 29).

Jesús también enseñó que el divorcio está mal: «Pero yo les digo que, excepto en caso de infidelidad conyugal, todo el que se divorcia de su esposa, la induce a cometer adulterio, y el que se casa con la divorciada comete adulterio también» *(Mateo 5:32).* El divorcio es malo porque rompe la unidad del matrimonio que Dios planeó. Cuando Dios creó a Adán y Eva, ellos se hicieron «una sola carne» *(Génesis 2:24).* La unidad matrimonial de una sola carne es un milagro de la gracia de Dios. El divorcio deteriora y destruye el regalo sagrado de la unidad de una sola carne del matrimonio. Jesús ordenó: «lo que Dios juntó, no lo separe el hombre» *(Mateo 19:6)*. Jesús dijo que en el antiguo pacto se le permitía a la gente divorciarse debido a la «dureza» de sus corazones (v. 8). El divorcio nunca debería suceder entre personas del nuevo pacto, donde el Espíritu Santo está presente en la vida del creyente y de la iglesia, creando verdadera justicia *(Mateo 5:31-32)*.

La Biblia no prohíbe específicamente la poligamia; sin embargo, la mayoría de las iglesias cristianas no permiten la poligamia entre sus miembros. Aunque algunos hombres de Dios en el Antiguo Testamento tuvieron más de una esposa, ninguno de esos matrimonios polígamos es considerado ideal. De hecho, la mayoría son descritos como infelices. La poligamia destruye la unión matrimonial de una sola carne. La unidad de una sola carne demanda lealtad total hacia el cónyuge. Si el hombre o la mujer tiene varios cónyuges, arruina aquel profundo significado íntimo del matrimonio como la unión de una sola carne en la que el marido debe amar a su mujer como a sí mismo y la mujer debe respetar a su marido profundamente. De hecho, la Biblia ordena al marido darse a sí mismo en amor sufriente y sacrificial por su esposa, así como Cristo se entregó a sí mismo en amor sacrificial por la iglesia *(Efesios 5:21-33)*.

Veracidad (Mateo 5:33-37)

El noveno mandamiento dice: «No darás falso testimonio» *(Éxodo 20:16)*. Jesús el Mesías señaló que el significado interno de este mandamiento es que no debemos siquiera jurar porque quienes juran parecieran estar diciendo que algunas veces mienten; son realmente veraces solo cuando juran. Las personas honestas nunca tienen que jurar porque su palabra siempre es verdadera. Las personas honestas solo tienen que decir «sí» o «no» y sus colegas sabrán que han dicho la verdad.

Perdón (Mateo 5:38-48)

Hemos mencionado que Jesús enseñó que el mandamiento más grande es amar a Dios y el segundo es amar a tu prójimo como a ti mismo. Jesús el Mesías enseñó que la ley del amor exige que perdonemos a nuestros enemigos. Aunque algunos maestros han dicho: «Ojo por ojo y diente por diente», Jesús enseñó a los cristianos que «amen a sus enemigos y oren por quienes los persiguen» *(Mateo 5:38, 44)*.

Él fue muy específico diciendo que si alguien toma tu túnica, debes darle también la capa. Y cualquiera que te abofetee en una mejilla, debes volverle también la otra. Si tu enemigo merece ser castigado, eso le corresponde a Dios; no es tu responsabilidad hacer mal a tu enemigo *(Romanos 12:19)*.

El odio y la violencia generan más odio y violencia. Vengarse de los enemigos no disminuye el odio. Solo el perdón puede sanar la violencia. Solo el amor puede destruir el odio. Si nuestros enemigos saben que les amamos, podrían convertirse en nuestros amigos. Pero si usamos la violencia, ambos seremos lastimados y el odio entre nosotros aumentará.

Riquezas (Mateo 6:19-34)

El décimo mandamiento dice que no debemos codiciar nada que tenga nuestro prójimo. La codicia es el deseo maligno de tomar aquello que pertenece a otra persona. Nuestro deseo por las riquezas y las cosas es la raíz de la codicia. Jesús nos enseñó a evitar poner nuestra confianza en las riquezas o las posesiones. Los cristianos deben procurar la justicia; deben buscar primero el reino de Dios. Cuando amamos a Dios por encima de todo, Él se hará cargo de todas nuestras demás necesidades. Jesús dijo: «Así que no se preocupen diciendo: "¿Qué comeremos?" o "¿Qué beberemos?" o "¿Con qué nos vestiremos?" […] Más bien, busquen primeramente el reino de Dios y su justicia, y todas estas cosas les serán añadidas» *(Mateo 6:31, 33)*.

No podemos incluir en este breve capítulo todo lo que Jesús dijo sobre el camino de justicia. Probablemente la parte más asombrosa de este sermón fue cuando dijo: «Por tanto, sean perfectos, así como su Padre celestial es perfecto» *(Mateo 5:48)*. ¿Cómo podemos nosotros vivir de forma tan justa como Dios? Ciertamente este tipo de justicia es posible solo cuando el Espíritu Santo recrea nuestras vidas a la verdadera imagen y semejanza de Dios. Como Jesús dijo, podemos experimentar este tipo de recreación solamente cuando nos hacemos pobres en espíritu, cuando confesamos nuestro fracaso, nuestro pecado y nuestra necesidad de salvación.

Resumen

«Y cuando terminó Jesús estas palabras, la gente se admiraba de su doctrina; porque les enseñaba como quien tiene autoridad, y no como los escribas» *(Mateo 7:28-29)*.

Los cristianos son aquellos que reconocen la autoridad de Jesús el Mesías. Se someten a la voluntad de Dios al reconocer a Jesús como Señor y Salvador. Son discípulos (seguidores) de Jesús. Los primeros cristianos decían que aquellos que confesaban que «Jesús es Señor» andaban en «el Camino» *(Hechos 18:26)*. Aun hoy, aquellos que siguen a Jesús, transitan «el Camino». Este es el camino del amor, el camino que Jesús el Mesías vivió.

Una respuesta musulmana

La iglesia cristiana, a diferencia de la umma musulmana, no tiene un sistema de leyes universales de conducta correcta. La perspectiva cristiana confiesa que el amor, tan central en sus enseñanzas, no puede ser reducido a una serie de reglas. Sin embargo, los musulmanes, que tienen tanto una ley divina universal como un esquema permanente de valores morales revelados, son de la perspectiva que el hombre, siendo imperfecto y de conocimiento limitado, debe ser guiado siempre por esta ley y valores morales. Aunque al hombre se le ordena practicar la justicia, él no sabe cómo hacerlo. Así que la ley divina le da cada detalle de cómo poner en práctica la justicia y la misericordia en cada momento.

Por otra parte, el esquema de valores morales en el que se basa la conducta cristiana es similar al de los musulmanes, aunque en el cristianismo se hace que el amor supere cualquier otro valor moral. Este excesivo énfasis en el amor en todos los aspectos de la vida cristiana ha hecho que a veces, a los ojos de los musulmanes, el ideal de conducta cristiano parezca algo más teórico que práctico.

Un asunto práctico en que cristianos y musulmanes difieren bastante es el matrimonio y el divorcio. El matrimonio en el islam es un contrato entre un hombre y una mujer que se contrae en el nombre de Dios y por lo tanto es una institución sagrada. Debe hacerse todo lo posible para mantener este contrato sagrado.

Sin embargo, si existen obstáculos severos en el matrimonio que no puedan superarse mediante una reconciliación, entonces el islam, en sus enseñanzas prácticas, ha permitido el divorcio (talag). El divorcio debe ser el último recurso. El profeta Muhammad (P y B) dijo: «De todas las cosas permitidas por la ley, el divorcio es la más odiosa a los ojos de Dios».[37] El Corán aconseja: «Si os obedecen [las mujeres], no

---

37. Relatado por el hijo de Omar, Abu Daud y Hakim, *Fikqi Sunnainsr,* Vol. 11, (Beirut: por Sayid Sabiq, Daarul-Kitab-1-Alaby), p. 241.

os metáis más con ellas».[38] El islam no toleraría matrimonios infelices, desleales, sin amor, estancados. Es por esta razón práctica que el divorcio es permitido.

De la misma manera, el perdón es recomendado como una alta virtud moral en el islam, pero debe ser dado de una manera práctica. En el islam, una persona oprimida o maltratada tiene la libertad para resistir y tomar represalias trayendo al infractor a juicio o procurando que sea castigado. También tiene el derecho de perdonar al ofensor, y confiarle a Alá los resultados de sus acciones. El Corán dice:

> Una mala acción será retribuida con una pena igual, pero quien perdone y se reconcilie recibirá su recompensa de Dios. Él no ama a los impíos. (42:40)

Otra aleya dice: «dan limosna tanto en la prosperidad como en la adversidad, reprimen la ira, perdonan a los hombres —Dios ama a quienes hacen el bien—» (3:134).

En la práctica en el islam no existe ni el extremo de ojo por ojo, ni el opuesto de poner la otra mejilla cuando la derecha ha sido golpeada. ¡No entregamos los pantalones al hermano que se ha llevado la camisa!

---

38. Corán 4:34.

24

La misión de la iglesia

El trabajo de la iglesia

Jesús el Mesías inició su ministerio proclamando en la sinagoga de Nazaret que el Espíritu del Señor estaba sobre él para dar buenas nuevas a los pobres, pregonar libertad a los cautivos, dar vista a los ciegos y poner en libertad a los oprimidos *(Lucas 4:18)*. Este fue el anuncio de que el reino de Dios había empezado; en Jesús el Mesías, la voluntad de Dios se introdujo perfectamente en la historia humana. Jesús vivió el reino; él era el reino. Las personas que respondían en fe a él, recibían sanidad en todas las áreas: sus pecados eran perdonados, los cojos andaban, los ciegos veían, los pobres recibían esperanza. El Mesías fue la irrupción del reino de Dios en la historia.

La iglesia es la comunidad de fe que continúa la obra de Dios que Jesús comenzó *(1 Corintios 12 y 13)*. La iglesia continúa siendo una señal entre las naciones de que el reino de Dios ha empezado. Mediante la presencia del Espíritu Santo en la vida de la iglesia, el reino de Dios continua irrumpiendo en nuestras comunidades y en nuestras vidas. La iglesia es una señal, un testimonio al mundo que la salvación está disponible.

La misión de la iglesia surge de la experiencia de amor redentor. Las personas redimidas son impulsadas por el amor de Dios a compartir Su amor con los demás. El inconmensurable amor de Dios en la experiencia de la iglesia da a los cristianos una motivación profunda a servir a otros con el mismo espíritu de amor abnegado que ellos recibieron de Jesús el Mesías. Los cristianos desean «andar en amor, como también Cristo nos amó, y se entregó a sí mismo por nosotros» *(Efesios 5:2)*. El amor hacia otros es el centro de la verdadera misión cristiana.

¿Cómo da testimonio la iglesia de la presencia del reino de Dios? ¿Cómo comparte el amor de Dios con el mundo? ¿Cómo revela al mundo que a través de Jesús el Mesías, el reinado eterno de Dios ha empezado? ¿Cómo se convierte en una señal para las naciones de que el amor redentor de Dios está presente, que el buen propósito de Dios en la historia triunfará? La iglesia ejecuta su misión de tres formas principales.

Primero, la iglesia lleva a cabo su misión por medio de la comunión. Los que son miembros de la iglesia son llamados por Dios a amarse unos a otros *(1 Corintios 13)*. El amor estaba extraordinariamente presente el día de Pentecostés, cuando la iglesia fue creada. ¡Los creyentes vendían sus posesiones y lo daban todo a los pobres! Leemos:

> Todos los que habían creído estaban juntos; y tenían en común todas las cosas; y vendían sus propiedades y sus bienes, y lo repartían a todos según la necesidad de cada uno. Y perseverando unánimes cada día en el templo, y partiendo el pan en las casas, comían juntos con alegría y sencillez de corazón, alabando a Dios, y teniendo favor con todo el pueblo. *(Hechos 2:44-47)*

Pentecostés fue una expresión inusual de amor. Sin embargo, dondequiera que la iglesia es realmente fiel, los cristianos expresan amor los unos por los otros. La mayoría de las congregaciones cristianas tienen formas para compartir con cualquier creyente que esté sufriendo una desgracia. Si la casa de un miembro se quema, los creyentes recogerán una ofrenda y probablemente ayuden a reconstruir la casa. De maneras incontables los cristianos de congregaciones locales intentan demostrar amor unos por los otros. Obedecen el mandato bíblico que dice: «Hagamos bien a todos, y mayormente a los de la familia de la fe» *(Gálatas 6:10)*.

Los cristianos expresan amor fuera de la iglesia local. Demuestran su amor hacia hermanos y hermanas en otras partes del mundo. Cada iglesia local es parte de la iglesia cristiana universal. Ya hemos mencionado que los concilios y fraternidades mundiales de iglesias representan maneras en que los cristianos intentan demostrar su amor y unidad. Estos canales fraternales de comunión fluyen en muchas direcciones. Cada denominación cristiana también es una fraternidad que normalmente reúne a cristianos de diferentes naciones en una familia denominacional particular.

Cualquiera que sea el caso, la iglesia expresa la fraternidad cristiana a nivel local y traspasando las fronteras nacionales. Esta fraternidad internacional es evidente, por ejemplo, en el flujo de asistencia financiera de una comunidad cristiana a otra que ha experimentado alguna desgracia como una sequía. Otro ejemplo es la hospitalidad. Cuando viajamos, nuestros hermanos y hermanas en Cristo de otros países nos ofrecen su hospitalidad, aunque les seamos totalmente desconocidos. El amor cristiano une en comunión aun a personas desconocidas.

La comunión es la primera dimensión de la misión cristiana en el mundo. Es el amor que los cristianos tienen unos por otros. La comunión es un testimonio de que el reino de Dios ha venido. Jesús dijo: «De este modo todos sabrán que son mis discípulos, si se aman los unos a los otros» *(Juan 13:35)*.

Segundo, la iglesia lleva a cabo su misión por medio del servicio. Quizás haya iglesias cristianas en tu comunidad. ¿Qué tipo de servicios realizan ahí? En miles de comunidades alrededor del mundo, la iglesia está involucrada en una amplia variedad de ministerios de servicio social. A nivel mundial, algunos de estos ministerios incluyen asistencia a refugiados, auxilio en hambrunas, ministerios médicos, desarrollo educativo desde la primaria hasta universidad, control de la desertificación y siembra de árboles, desarrollo agrícola y ganadero, salud mental, hogares para ancianos, construcción de viviendas, industrias caseras para familias de bajos recursos, alfabetización de adultos, construcción de caminos, consejería matrimonial, ministerios a huérfanos o niños delincuentes, salones de lectura o bibliotecas, reconstrucción de zonas de desastre, exploración de nuevas fuentes de energía, reconciliación entre naciones en conflicto, ministerio a leprosos, escuelas vocacionales, centros de recreación—la lista es interminable—. La iglesia ha sido llamada por Dios para ser una señal en la comunidad y en las naciones de que Dios está interesado, que Dios sí ama, y que Dios desea salvarnos de todo lo malo.

A través de estos ministerios de servicio amoroso, la iglesia continúa la obra que Jesús inició cuando proclamó la presencia del reino de Dios entre los hombres. La iglesia comparte el amor redentor de Dios con otros. La iglesia intenta ser una señal de la presencia del reino de

Dios en la historia mediante sus ministerios de amor y servicio. Dondequiera que haya alguna necesidad humana, la iglesia está llamada a ministrar, a servir, a expresar el amor de Dios en acción.

La iglesia no cree que puede resolver todos los problemas de las necesidades humanas en el mundo; esto sería imposible. Las sociedades en todas partes experimentan rebeldía contra Dios; la maldad está presente. Pero la iglesia está llamada a ser una señal del reino de Dios, una conciencia en la sociedad.

Un ejemplo de Kenia puede ayudar. Hace algunos años, los egresados de escuelas primarias que no podían continuar con la secundaria tenían problemas para encontrar trabajo. La iglesia reconoció el problema y comenzó varias escuelas politécnicas para entrenar a estos jóvenes en habilidades técnicas básicas para diferentes empleos. Este ministerio tuvo mucho éxito. Muy pronto la sociedad reconoció el valor de los politécnicos y hoy día las escuelas politécnicas son subvencionadas por el gobierno. Existen incontables ejemplos como este. La iglesia en sus ministerios de servicio social es una conciencia para la sociedad, ayudando a mostrar el camino hacia una humanización más efectiva. Es una señal del amor de Dios hacia la humanidad.

Tercero, la iglesia lleva a cabo su misión proclamando el evangelio por todo el mundo. Antes que Jesús se fuera al cielo ordenó a sus discípulos:

> Por tanto, vayan y hagan discípulos de todas las naciones, bautizándolos en el nombre del Padre y del Hijo y del Espíritu Santo, enseñándoles a obedecer todo lo que les he mandado a ustedes. Y les aseguro que estaré con ustedes siempre, hasta el fin del mundo. *(Mateo 28:19-20)*

Prosiguió diciendo: «Pero cuando venga el Espíritu Santo sobre ustedes, recibirán poder y serán mis testigos tanto en Jerusalén como en toda Judea y Samaria, y hasta los confines de la tierra» *(Hechos 1:8)*. Dios ordenó a la iglesia llevar el evangelio hasta lo último de la tierra. A los cristianos se les manda predicar con urgencia, llamando a la gente a arrepentirse y creer en Jesús el Mesías como el Señor y Salvador que fue enviado por Dios para redimir a la humanidad. Se les ordena bautizar y enseñar a las naciones, y formar nuevas comunidades de fe entre todos los pueblos. Los cristianos llaman a este mandamiento la Gran Comisión.

Después de Pentecostés la iglesia empezó a obedecer la gran comisión. Durante la vida de los apóstoles, misioneros cristianos llevaron el evangelio desde Palestina hasta tierras a cientos y miles de kilómetros de Jerusalén. En medio siglo los cristianos habían bautizado a creyentes y formado iglesias desde la India en el oriente hasta España en el occidente. También llevaron el evangelio a Egipto y otras partes del norte de África.

A veces la iglesia ha fallado en continuar o en entender la gran comisión y ha intentado extender la iglesia a través de guerra y violencia. Por ejemplo, ejércitos «cristianos» lograron «convertir» a varias comunidades europeas mediante conquistas militares. Los cristianos se entristecen de que durante las Cruzadas en la Edad Media, ejércitos «cristianos» conquistaron Oriente Medio y procuraron por la fuerza convertir a pueblos al cristianismo. Estos son ejemplos horribles del trágico fracaso cristiano en entender y practicar la gran comisión.

Al mismo tiempo, muchos períodos de la historia de la iglesia han sido bendecidos por miles de fieles misioneros cristianos que dieron sus vidas para llevar el evangelio hasta lo último de la tierra. Hoy día hay más misioneros sirviendo alrededor del mundo que en cualquier otro momento de la historia de la iglesia cristiana.

La iglesia presbiteriana en Kenia recientemente envió un misionero a Nueva York. Algunos cristianos de Tanzania están compartiendo el evangelio en China. Misioneros japoneses han ido a Sudamérica. Cristianos pakistaníes están testificando en Kuwait. Cristianos indios están ministrando en Sudán. Misioneros húngaros sirven en Kenia. Los cristianos se mueven en todas direcciones desde sus comunidades locales, desde su propio «Jerusalén».

Dondequiera que van los cristianos, llevan el evangelio. Muchos de estos testigos son comisionados y enviados por sus congregaciones locales a un país lejano a proclamar el evangelio. Otros van por negocios, educación, o razones profesionales, sin embargo, dondequiera que van deben compartir el evangelio.

Por supuesto que la iglesia debe recordar que la proclamación del evangelio debe empezar en casa. Fieles congregaciones cristianas intentan compartir el evangelio con sus vecinos, antes que nada. Eso es siempre el comienzo de la misión. Pero con frecuencia las congregaciones cristianas también perciben el llamado del Espíritu de Dios para ir más allá de los vecindarios circundantes hacia pueblos que nunca han oído el evangelio. La Biblia revela que es la voluntad de Dios que todos los pueblos de la tierra escuchen el evangelio antes del fin de la historia, y que comunidades de creyentes se formen en estos pueblos *(Mateo 24:14; 28:16-20; Hechos 1:8; Filipenses 2:9-11).*

Resumen

Los cristianos creen que la iglesia es un símbolo del reino de Dios que irrumpió en la historia humana a través de Jesucristo y el evento de Pentecostés, cuando el Espíritu Santo fue derramado sobre los creyentes. Creen que la misión de la iglesia es ser una señal y un testimonio entre las naciones de la presencia del reino de Dios entre los hombres. Como hemos mencionado, la iglesia se vuelve una señal del reino al continuar la obra y ministerio que Jesucristo inició. Esto incluye comunión, servicio y testimonio.

El testimonio de la Biblia es que al final de la historia, Jesús el Mesías volverá a la tierra en gloria y el reino de Dios se cumplirá. Entonces las naciones y pueblos de la tierra serán juzgadas. Aquellos que hayan persistido en su rebeldía contra Dios experimentarán el castigo eterno. La tierra pasará y la historia humana será consumada.

Aquellos que hayan respondido a la gracia de Dios y hayan empezado a participar en el reino de Dios experimentarán salvación eterna. El reino de Dios será consumado. El reino de Dios que comenzó mediante la primera venida de Jesús el Mesías será completado y cumplido. Todas las cosas en los cielos y en la tierra reconocerán a Jesús el Mesías como aquel que Dios designó Señor y Salvador. Este es el plan de Dios para la historia *(Marcos 14:62; Filipenses 2:9-11; Apocalipsis 20:11-15; 21:1-8, 22-27).*

Una respuesta musulmana

Tanto cristianos como musulmanes se esfuerzan por proclamar «buenas nuevas» al mundo, siguiendo las órdenes de Dios y el ejemplo de sus respectivos profetas. Para ambas comunidades el servicio es un deber fundamental para con la humanidad, y especialmente para con la comunidad de fe.

Sin embargo, ambas organizan su misión de forma diferente. El islam, que no tiene una jerarquía ordenada de sacerdotes ni órdenes misioneras organizadas como las del cristianismo, ha sido propagado y extendido mayormente por individuos musulmanes comprometidos que disponían de recursos limitados. Es por esta razón que el servicio musulmán a través de estructuras materiales visibles como hospitales, caminos, o centros de convenciones, ha sido algo notablemente carente, especialmente en áreas donde los musulmanes son minoría. Aunque los musulmanes enfatizan la predicación, esto no quiere decir que solo les preocupa la vida del más allá. El islam, como una forma de vida completa, está, naturalmente, tan preocupado por esta vida como por la que hay después de la muerte. El trabajo y el servicio es un deber ordenado por Dios y parte de la adoración musulmana.

Aunque el islam reconoce la segunda venida del Mesías, la naturaleza de su esperada misión es diferente de la esperada por el cristianismo. Los musulmanes creen que el Mesías volverá a la tierra para establecer con firmeza la verdadera religión del islam antes del juicio final.

Conclusión

El islam y el cristianismo son dos confesiones vivientes que afirman tener una misión a toda la humanidad. En este libro hemos resaltado, siquiera brevemente, algunos de los temas principales que unen o separan a cristianos y musulmanes en su adoración a Dios y su testimonio a su prójimo.

Nosotros, los autores, estamos agradecidos por aquellas creencias que tenemos en común. Ambos reconocemos la fe de Abraham y buscamos entender y vivir de acuerdo a la fe que él ejerció. Creemos que esa fe necesita ser iluminada mediante el testimonio de profetas, apóstoles y las Escrituras. Creemos que la revelación no es un invento humano, sino un don de la gracia de Dios a los humanos. Creemos que la historia tiene significado y que se dirige hacia su consumación en un juicio final. Ambos creemos en la resurrección de los muertos. Creemos que todo esto proviene de Dios, quien es el soberano, trascendente y justo Creador de todo. Cada uno de nosotros cree que Dios ordenó a su pueblo testificar e invitar a no creyentes al arrepentimiento y a la comunidad de fe. Creemos que Dios ha establecido una comunidad de fe que testifica.

Al mismo tiempo que agradecemos y afirmamos la fe que nos une, también confesamos que nuestros respectivos testimonios difieren de formas importantes. El testimonio musulmán es que el Corán es la revelación final y definitiva de su perfecta voluntad a la humanidad. El testimonio cristiano es que Jesús el Mesías es la Palabra viviente de Dios en forma humana. Para el musulmán, el Corán es el criterio de la verdad. Para el cristiano, la totalidad del testimonio bíblico culminando en Jesús es el criterio de la verdad. Todo lo que un musulmán o un cristiano cree acerca del ser humano, de Dios, la salvación, dirección, justicia, revelación, juicio y comunidad está determinado por su compromiso con estas revelaciones.

En nuestro diálogo, hemos percibido que hay áreas en las que nuestras creencias se complementan. Damos gracias por estos puntos de concordancia. Pero al mismo tiempo somos conscientes de diferencias significativas. El islam y el cristianismo están de acuerdo que Dios es misericordioso, que Dios ama. La pregunta es, ¿cuán íntimamente escoge Dios identificarse con nuestra situación humana? Esta es la cuestión fundamental: ¿Cómo expresa Dios su amor y misericordia?

En el islam, la expresión suprema de la misericordia de Dios es la revelación de una ley perfecta. En la fe cristiana, el amor de Dios es expresado supremamente en el amor sufriente y redentor revelado en la vida, crucifixión y resurrección de Jesús el Mesías. Estas no son diferencias superficiales. Tratan sobre las cuestiones más fundamentales del significado de la existencia humana. No hay forma que un musulmán y un cristiano puedan honestamente proclamar que estas diferencias son irrelevantes o insignificantes.

La naturaleza de los temas teológicos es tan tremendamente profunda que las preguntas planteadas no pueden ser comprendidas o resueltas apropiadamente mediante polémicas proposicionales o positivismos lógicos. Nuestra conversación en pro de la verdad debe moverse en el plano de la realidad primaria, la realidad que sondea el significado de la existencia humana de forma más profunda que el mero racionalismo.

En esto sí coincidimos: la verdad es la *Palabra* de revelación y autoridad divinas. Este punto inicial compartido es tanto el punto de convergencia como el de divergencia entre nosotros. ¿Es la Palabra de revelación más que nada un libro o supremamente evidente en una persona? Esta cuestión no puede resolverse mediante discusión. La misma naturaleza del tema exige de ambas comunidades de fe el tener paciencia, escuchar con atención y dar testimonio.

Sin embargo, creemos que el dolor que estas diferencias causan no debe impedirnos continuar la conversación. Los temas que nos separan no deben convertirse en muros de hostilidad entre nosotros que terminen con el diálogo. Si verdaderamente deseamos la verdad y una comprensión más profunda el uno del otro, entonces nuestra conversación mutua debe continuar. La conversación debe moverse en muchos diferentes niveles. Este libro ha sido una conversación escrita. Existen también otros niveles de conversación que son igualmente importantes. Probablemente el nivel de conversación más significativo debería ser la política de buen vecino. Debemos aprender a conocernos como amigos. Debemos orar a Dios, pidiéndole que nos ayude a cultivar puentes de amor entre nuestras comunidades. Debemos aprender la conversación del amor, del perdón, de respeto, de buen vecino, de escuchar y de dar testimonio.

Amén.

Glosario

Términos islámicos

abd:	el siervo o esclavo de Dios
Abdulá :	el padre de Muhammad (P y B)
Abu Bakr:	uno de los primeros creyentes musulmanes y también el primer califa
Abu Talib:	el tío de Muhammad (P y B)
Adán:	el padre de todos los humanos, el esposo de Eva *(Haua)* que fue la primera mujer
adhan:	llamado a la oración
ahl al-kitab:	la gente del libro, o sea los judíos y cristianos
al-asma' al husna:	los noventa y nueve nombres hermosos de Dios
al-Lat:	la diosa del sol en la Arabia preislámica que era adorada como una de las tres hijas de Alá
al-Manat:	la diosa del destino en la Arabia preislámica que era considerada una de las tres hijas de Alá
al-Uzza:	la diosa Venus en la Arabia preislámica, antes considerada una de las tres hijas de Alá
aleya:	versículo del Corán
Alí:	uno de los primeros creyentes musulmanes y también primo y yerno del Profeta; llegó a ser el cuarto califa
Amina:	la madre de Muhammad (P y B)
ansar:	los ayudantes en Medina
basmalá:	la declaración que todo musulmán debe pronunciar antes de hacer cualquier cosa: «En el nombre de Alá, el Compasivo, el Misericordioso» *(Bismilá ar-Rahmani ar-*

	Rahim); todos los suras del Corán, a excepción de uno, comienzan con la *basmalá*
Batalla de Badr:	los musulmanes derrotaron a los infieles
Bilal y Khabbab:	musulmanes que sufrieron persecución severa en La Meca
califa:	vicegerente; el hombre fue enviado por Dios a la tierra para ser Su califa o mayordomo en la tierra en obediencia al mandato Divino
chiítas:	la comunidad musulmana que cree que el jefe de la comunidad debe ser un descendiente del Profeta
din:	religión
Fatiha:	el capítulo de apertura del Corán, la oración perfecta del musulmán
fuqaha:	doctores de la ley islámica
ghusul:	lavarse de la manera musulmana prescrita
Hadiz:	las tradiciones escritas sobre el Profeta que incluye sus enseñanzas y prácticas
hafz:	memorizadores del Corán
haj:	el peregrinaje a la Kaaba
Haua:	Eva, la madre de todos los humanos y esposa de Adán, el primer hombre
Hégira:	la migración de La Meca a Yatrib (Medina) en el 622 d.C.; el inicio de la era islámica
Hudaybiyyah:	el tratado entre los quraishíes mecanos y la umma musulmana
ibadat:	adoración y sumisión devocional Iblis: Satanás, que es la fuente de todo mal ihsan: conducta correcta
Imam:	el jefe de los musulmanes chiítas que remonta su genealogía hasta el Profeta
imam:	líder de las oraciones en la mezquita
iqra:	recitación de la revelación divina
isnad:	la cadena de testigos mediante la cual un hadiz se haya transmitido
iyima:	consenso
Jadiya:	la primera esposa de Muhammad (P y B)

El Jardín:	un paraíso celestial encima de la tierra donde Adán y Eva fueron colocados antes que cedieran a la tentación de *Iblis*
Kaaba:	la casa de Dios en La Meca, en la que hay una piedra negra sagrada hacia la que todos los musulmanes deben dirigirse cuando oran
kufr:	incredulidad y ateísmo, uno de los pecados más grandes en el islam
Lailat ul-Qadar:	la noche de poder, cuando Muhammad (P y B) recibió su primera revelación
los Libros de Dios:	los cinco libros que Dios ha hecho descender sobre los humanos; el Libro revelado a Abraham *(Suhuf)* se ha perdido; los otros cuatro no están perdidos
mezquita:	el edificio en que los musulmanes se congregan para orar
miraj:	la ascensión del Profeta (P y B)
Moisés:	el Profeta de Dios por medio de quien la *Tora* fue revelada
monte Hira:	lugar donde Muhammad (P y B) empezó a recibir las primeras revelaciones
muhayirun:	los emigrantes a Medina
munafiqun:	musulmanes hipócritas
Negus:	rey cristiano abisinio que dio refugio a los musulmanes
Omar:	uno de los primeros convertidos al islam y segundo califa
qibla:	la dirección de la oración
qiyas:	razonamiento analógico
quraish:	la tribu del profeta Muhammad (P y B)
Rahim:	el Más Misericordioso, uno de los nombres de Dios
Rahman:	el Más Compasivo, uno de los nombre de Dios
Ramadán:	el mes de ayuno
rasul:	un apóstol de Dios por medio de quien Dios revela un Libro

sahaba:	compañeros del profeta Muhammad (P y B)
salah:	la oración ritual en el islam
saum:	ayuno
shahada:	el credo musulmán: «No hay dios sino Alá, y Muhammad es el Apóstol de Dios»
sharía:	la Ley de Dios
shirk:	asociar a Alá con otros dioses, el mayor pecado en el islam
sunna:	el camino o las prácticas del profeta
sunnítas:	la comunidad musulmana que tiene como su autoridad el Corán, la sunna, y el consenso de la comunidad
sura:	un capítulo del Corán
taharah:	purificación
tanzil:	el hacer descender los Libros del cielo
ulama:	eruditos de ley y teología islámica
umma:	la comunidad del islam
Uthman (Otmán):	uno de los primeros creyentes musulmanes y tercer califa
wahay:	revelación divina
wudu:	abluciones antes de las oraciones
yahiliia:	período de ignorancia en Arabia, antes de la venida del profeta Muhammad (P y B)
Yalil:	el Más Majestuoso; uno de los nombres de Dios
Yanna:	Paraíso, lugar donde Adán y Eva primero vivieron y donde los verdaderos esclavos de Alá regresarán
Yibril:	Gabriel, mediante quien Dios ha enviado Sus Libros a los apóstoles
yihad:	esforzándose en el camino de Alá
yinn:	un espíritu; algunos yinns son malos, otros buenos; los malos son seguidores de Iblis
yuma:	oración congregacional de los viernes
zakat:	limosnas obligatorias

Términos cristianos

anciano:	un ministro de la iglesia primitiva

Antiguo Testamento:	la porción de la Biblia escrita antes de la venida del Mesías
apóstoles:	líderes de la iglesia primitiva
bautismo:	símbolo con agua de que la persona ha sido aceptada en la iglesia cristiana
Belén:	el pueblo de Judea donde Jesús nació
Concilio de Jerusalén:	conferencia cristiana llevada a cabo en el 43 d.C. para discutir la actitud cristiana hacia la cultura
diácono:	líder de la iglesia que asiste al ministro u obispo
Diez Mandamientos:	los principios de buena conducta que Dios reveló al pueblo del pacto
jardín del Edén:	lugar donde Adán y Eva vivieron primero
El o *Elohim:*	el nombre de Dios usado por Abraham; *El* o *Elohim* es la forma hebrea del nombre árabe de Alá
Emanuel:	un nombre del Mesías que significa «Dios con nosotros» encarnación: la creencia que Dios se ha revelado en Jesús el Mesías
epístolas:	cartas escritas por los apóstoles a las iglesias Espíritu de Dios: algunas veces llamado el Espíritu Santo; Dios está presente entre la humanidad en forma de Espíritu
santa cena o comunión:	compartir el pan y el vino como señal de nueva vida y comunión experimentados a través de la vida, muerte y resurrección de Jesús el Mesías
evangelio:	buenas nuevas (griego: *euaggellion*, árabe: *inyil*) de que Dios ha actuado de forma redentora en Jesús el Mesías
faraón:	el rey del antiguo Egipto
Gabriel:	el ángel que se le apareció a María antes del nacimiento de Jesús
Gran Comisión:	el mandato de Jesús a sus discípulos de predicar el evangelio en todo el mundo
Herodes:	el rey de Judea cuando Jesús nació
Hijo de Dios:	el Mesías, que tuvo una relación perfecta con Dios hombres sabios: los hombres

	de Oriente que vinieron a Jerusalén para encontrar al Mesías durante el tiempo de su nacimiento
iglesia:	la comunidad congregada que creen en Jesús el Mesías como Salvador y Señor
Jerusalén:	ciudad en la que Jesús fue crucificado
José de Arimatea:	un hombre rico que proveyó una tumba para Jesús
José:	el hombre que estaba comprometido con María cuando dio a luz a Jesús; se convirtió en su marido
Juan el Bautista:	el profeta que bautizó a Jesús y preparó a la gente para recibirlo como el Mesías
Mesías:	«el ungido», forma semítica de la palabra griega *Kristós*, o Cristo
monte Sinaí:	donde Dios reveló los Diez Mandamientos
Nazaret:	el pueblo galileo donde Jesús se crió
Nuevo Testamento:	la porción de la Biblia escrita después de la venida del Mesías
obispo:	líder de la iglesia responsable de un grupo de congregaciones cristianas
ordenación:	forma en que líderes de la iglesia son comisionados a su tarea por los obispos o ministros que imponen sus manos sobre ellos y oran para que el Espíritu Santo les dé los dones necesarios para el liderazgo
Pablo:	uno de los apóstoles que fue inspirado por Dios para escribir porciones del Nuevo Testamento
pacto:	un acuerdo solemne entre dos o más personas; Dios ha invitado a la humanidad a entrar en un pacto de bendición con Él
Pascua:	fiesta que recuerda al pueblo judío su liberación de Faraón
pastores:	la gente a la que los ángeles anunciaron el nacimiento de Jesús
Pentecostés:	la fiesta de la cosecha, después que Jesús regresara al cielo, cuando el Espíritu Santo

	fue derramado sobre los creyentes de manera especial
pueblo de Israel:	el pueblo del pacto en el Antiguo Testamento
reino de Dios:	el reinado de Dios en el cielo y en la tierra
sacrificio:	una ofrenda que se solía dar como señal del deseo de ser perdonado
Salmos:	poemas y cánticos, muchos escritos por David; conocidos por musulmanes como *Zabur*
salvación:	la experiencia del perdón de los pecados y una relación recta y gozosa con Dios
Salvador:	Jesús significa el Salvador que salva a la humanidad del pecado y del mal
Satanás:	el diablo
secular:	concerniente a la tierra en el tiempo presente
Sermón del Monte:	enseñanzas sobre la justicia dadas por Jesús a sus discípulos
Taurat:	ver *Tora*
testamento:	pacto o acuerdo solemne
Tora:	los cinco primeros libros de la Biblia, también llamados el Pentateuco del profeta Moisés
Trinidad:	intento de parte de los cristianos para expresar la unidad y el amor de Dios revelados en Dios como Creador, Salvador y Espíritu (Padre, Hijo y Espíritu Santo)
virgen María:	la madre de Jesús
Yahvé:	el nombre hebreo de Dios que fue revelado al profeta Moisés en la zarza ardiente; este nombre significa YO SOY, «Yo seré», o «Yo fui»; es el Dios que entra en pacto con los seres humanos
YO SOY:	el nombre de Dios que fue revelado al profeta Moisés en la zarza ardiente

Acerca de los autores

BADRU KATEREGGA, M.A. (Londres) nació en la comunidad musulmana de Butambala, en Uganda. Fue conferenciante y dirigente de la unidad de Estudios Islámicos en la Universidad de Makere, Uganda. En 1978 se hizo conferenciante sobre estudios islámicos y religiones comparadas en la Universidad de Kenyatta en Nairobi, Kenia. El profesor Kateregga sirvió como embajador de la República de Uganda en Arabia Saudita y como decano del cuerpo diplomático en Arabia.

DAVID SHENK, Ph.D. (Nueva York) nació en un hogar misionero cristiano en Tanzania. Durante diez años estuvo involucrado en trabajo educativo en Somalia islámica. Después trabajó en Kenia durante seis años como conferenciante de religiones comparadas e historia de la iglesia en el departamento de Filosofía y Estudios Religiosos en la Universidad de Kenyatta en Nairobi. Desde 1980 Shenk ha estado asentado en las oficinas centrales de la Misión Menonita Oriental en Salunga, Pensilvania, Estados Unidos, donde ayuda a coordinar compromisos de encuentros interreligiosos.

Kateregga y Shenk son buenos amigos. Ambos han estado involucrados desde hace muchos años en conversaciones interreligiosas entre musulmanes y cristianos.